高等教育公共基础课精品系列教材

沟通与演讲

主　编　曹　洁　封　莉
副主编　郑志林　王文渊　黄钰轩
参　编　朱　敏　向　华　刘　静
主　审　康桂花

北京理工大学出版社
BEIJING INSTITUTE OF TECHNOLOGY PRESS

内 容 提 要

本书是反映高校教育教学改革最新理念的应用型特色教材,是项目课程开发的有益尝试。本书内容包括团队篇、沟通篇、演讲篇三大模块,在每一章前设计了导学案例、学前问题,在每一章后安排了拓展阅读、课后练习,便于学生在学中练、练中学,学练有机结合,帮助学生在团队中提升沟通演讲水平和合作能力。

本书可作为高等院校各专业学生"沟通与演讲训练"课程的教材,也可作为大学生提高基本素质的参考读物,同时也是各界人士进行沟通与演讲训练的实用手册。

版权专有　侵权必究

图书在版编目（CIP）数据

沟通与演讲 / 曹洁,封莉主编 . —北京：北京理工大学出版社,2018.2（2025.1重印）
ISBN 978-7-5682-5341-3

Ⅰ.①沟⋯　Ⅱ.①曹⋯ ②封⋯　Ⅲ.①言语交往－高等学校－教材 ②演讲－高等学校－教材　Ⅳ.①H019

中国版本图书馆 CIP 数据核字（2018）第 036697 号

责任编辑：陈　玉		**文案编辑**：赵　轩	
责任校对：周瑞红		**责任印制**：施胜娟	

出版发行 / 北京理工大学出版社有限责任公司
社　　址 / 北京市丰台区四合庄路 6 号
邮　　编 / 100070
电　　话 /（010）68914026（教材售后服务热线）
　　　　　　（010）68944437（课件资源服务热线）
网　　址 / http://www.bitpress.com.cn
版 印 次 / 2025 年 1 月第 1 版第 10 次印刷
印　　刷 / 河北世纪兴旺印刷有限公司
开　　本 / 787 mm×1092 mm　1/16
印　　张 / 10.5
字　　数 / 232 千字
定　　价 / 32.00 元

图书出现印装质量问题,请拨打售后服务热线,负责调换

前 言

前斯坦福大学校长约翰·亨尼斯（John Hennessy）曾说："大学有一种观念，即工程师只需知道如何使用计算器或电脑，不用掌握写作与演讲的技巧。这可能是对年轻人最大的谎言。……写作与演讲是一切学科中最有价值的两项技能。"大连东软控股有限公司投资举办的三所大学作为以 IT 为主的工科院校，长期基于 CDIO 工程教育理念进行教育教学改革，并特别开设公共必修课"沟通与演讲"来提升学生沟通表达与团队工作的能力。"沟通与演讲"课程多年来为学生快速融入社会做出了积极的努力，在精品课程建设中也积累了一定的经验，为了满足社会和学生的广泛需求，我们编写了"沟通与演讲"教材。

本书贯穿和体现 CDIO 工程教育理念，在系统化理论的指导下，将"理论知识、能力训练、素质提升"进行三维一体化设计，使之有机融合。本书共分团队篇、沟通篇、演讲篇三个模块，每个模块均含知识点与技能点的教学，并通过项目实践、课堂展示和演讲大赛等多形式进行锻炼与提升。按照 CDIO 项目设计原则，对课程项目进行系统化设计，包括多个五级项目，即课堂体验小练习；6 个四级项目，即平时考核项目；1 个三级项目，即期末考核项目。本书适合学生和有志于提高沟通表达与团队工作能力的社会人士阅读。

本书在编写过程中参考借鉴了一些专家的著述，在此表示感谢。由于编者的水平有限，书中难免有不妥之处，恳请广大读者批评指正。

编　者

目 录

模块一 团队篇

第一章 团队概述 (1)

第一节 团队与群体 (2)
一、团队的定义 (2)
二、团队与群体的区别 (2)

第二节 团队的构成要素 (3)
一、目标 (3)
二、人员 (4)
三、定位 (4)
四、权限 (5)
五、计划 (5)

第三节 团队的类型 (6)
一、多功能型团队 (6)
二、问题解决型团队 (6)
三、自我管理型团队 (7)
四、虚拟团队 (7)

第二章 团队建设 (11)

第一节 团队建设的目的和原则 (11)
一、团队建设的目的 (12)
二、团队建设的原则 (12)

第二节　团队建设的过程 …………………………………………… (14)
　　一、形成期 ……………………………………………………… (14)
　　二、激荡期 ……………………………………………………… (15)
　　三、凝聚期 ……………………………………………………… (16)
　　四、收获期 ……………………………………………………… (16)
　　五、修整期 ……………………………………………………… (17)
第三节　团队建设中存在的阻力和误区 …………………………… (18)
　　一、团队建设中存在的阻力 …………………………………… (18)
　　二、团队建设中存在的误区 …………………………………… (19)

第三章　团队激励策略与冲突管理 ……………………………… (22)

第一节　团队激励策略 ……………………………………………… (22)
　　一、团队激励的定义 …………………………………………… (22)
　　二、团队激励的作用 …………………………………………… (23)
　　三、团队激励的理论 …………………………………………… (23)
　　四、有效激励的基本原则 ……………………………………… (24)
　　五、激励的具体方法 …………………………………………… (25)
第二节　团队冲突管理 ……………………………………………… (26)
　　一、团队冲突的定义 …………………………………………… (26)
　　二、团队冲突的种类 …………………………………………… (27)
　　三、团队冲突的效应 …………………………………………… (27)
　　四、团队冲突管理 ……………………………………………… (27)

模块二　沟通篇

第四章　沟通概述 ………………………………………………… (30)

第一节　沟通的一般原理 …………………………………………… (31)
　　一、沟通的定义及特征 ………………………………………… (31)
　　二、沟通的重要性 ……………………………………………… (31)
　　三、沟通的过程 ………………………………………………… (33)
第二节　沟通的目标、原则及基本内容 …………………………… (35)
　　一、沟通的目标 ………………………………………………… (35)

二、沟通的原则 …………………………………………………… (35)
　　三、沟通的基本内容 ………………………………………………… (38)
　第三节　沟通的形式 ……………………………………………………… (40)

第五章　倾听的艺术 …………………………………………………… (42)

　第一节　倾听是沟通的一半 ……………………………………………… (43)
　第二节　倾听的层次及类型 ……………………………………………… (45)
　　一、倾听的层次 ……………………………………………………… (45)
　　二、倾听的方式 ……………………………………………………… (46)
　　三、倾听的类型 ……………………………………………………… (46)
　　四、影响倾听的因素 ………………………………………………… (48)
　第三节　有效倾听的技巧 ………………………………………………… (49)

第六章　语言与非语言沟通 …………………………………………… (55)

　第一节　语言沟通 ………………………………………………………… (56)
　　一、语言沟通的形式 ………………………………………………… (56)
　　二、语言沟通的特点 ………………………………………………… (56)
　　三、语言沟通的原则 ………………………………………………… (57)
　　四、语言沟通的技巧 ………………………………………………… (59)
　第二节　非语言沟通 ……………………………………………………… (60)
　　一、非语言沟通的特点 ……………………………………………… (60)
　　二、非语言沟通的功能 ……………………………………………… (61)
　　三、非语言沟通的类型 ……………………………………………… (61)

第七章　职场沟通 ………………………………………………………… (66)

　第一节　与上级沟通的艺术 ……………………………………………… (67)
　　一、尊重服从领导 …………………………………………………… (67)
　　二、学会汇报工作和提出建议 ……………………………………… (67)
　　三、在领导眼中脱颖而出，与众不同 ……………………………… (69)
　　四、学会向领导说"不" ……………………………………………… (69)
　　五、虚心对待领导的批评 …………………………………………… (70)
　　六、防止和克服"越位" ……………………………………………… (70)
　第二节　与下级沟通的艺术 ……………………………………………… (71)

一、与下属办事先要建立威信基础 ………………………………………………(71)
　　二、与下属沟通的技巧 ……………………………………………………………(71)
　　三、学会调节下属间的矛盾 ………………………………………………………(72)
　第三节　与同级沟通的艺术 …………………………………………………………(72)
　　一、职场新人如何快速融入团队 …………………………………………………(72)
　　二、与同事关系和谐处理原则与技巧 ……………………………………………(74)

第八章　跨文化沟通与现代沟通 ……………………………………………………(77)

　第一节　文化差异对跨文化沟通的影响 ……………………………………………(78)
　　一、文化的内涵、特征 ……………………………………………………………(78)
　　二、文化的差异性 …………………………………………………………………(78)
　　三、文化差异对跨文化沟通的影响 ………………………………………………(79)
　第二节　跨文化沟通的基本原则和策略 ……………………………………………(82)
　　一、跨文化沟通的基本原则 ………………………………………………………(82)
　　二、跨文化沟通的策略 ……………………………………………………………(83)
　第三节　电话沟通礼仪与技巧 ………………………………………………………(83)
　　一、如何打电话 ……………………………………………………………………(84)
　　二、如何接电话 ……………………………………………………………………(84)
　　三、如何收发短信 …………………………………………………………………(85)
　第四节　网络沟通礼仪与技巧 ………………………………………………………(85)
　　一、网络沟通的特点 ………………………………………………………………(86)
　　二、常见的网络沟通形式 …………………………………………………………(86)
　　三、网络沟通礼仪 …………………………………………………………………(86)
　　四、网络沟通技巧 …………………………………………………………………(86)

第九章　面试 ……………………………………………………………………………(90)

　第一节　面试概述 ……………………………………………………………………(90)
　　一、面试的含义及其基本内容 ……………………………………………………(90)
　　二、面试的准备 ……………………………………………………………………(92)
　第二节　面试的技巧 …………………………………………………………………(95)
　　一、面试开始前：树立良好的第一印象 …………………………………………(95)
　　二、面试过程中：用才华征服面试官 ……………………………………………(95)
　　三、面试结束后：用修养感染面试官 ……………………………………………(96)

模块三　演讲篇

第十章　演讲概述 …………………………………………………………… (99)

第一节　演讲的含义和特征 ……………………………………………… (101)
一、演讲的含义 …………………………………………………………… (101)
二、演讲的特征 …………………………………………………………… (101)

第二节　演讲的作用 ……………………………………………………… (102)

第十一章　演讲稿的设计 …………………………………………………… (108)

第一节　演讲稿的立意 …………………………………………………… (109)

第二节　演讲稿的结构 …………………………………………………… (110)
一、凤头：语出惊人，吸引听众注意 …………………………………… (111)
二、猪肚：有条不紊，注重层次分明 …………………………………… (114)
三、豹尾：铿锵有力，给人留下余香 …………………………………… (115)

第十二章　演讲的技巧 ……………………………………………………… (118)

第一节　语音训练技巧 …………………………………………………… (119)
一、让嗓音富有磁性 ……………………………………………………… (120)
二、语音训练 ……………………………………………………………… (121)

第二节　演讲的态势语言 ………………………………………………… (122)
一、表情语 ………………………………………………………………… (123)
二、体态语 ………………………………………………………………… (124)
三、手势语 ………………………………………………………………… (125)

第三节　讲稿熟记训练 …………………………………………………… (126)
一、诵读记忆法 …………………………………………………………… (126)
二、纲目记忆法 …………………………………………………………… (127)
三、机械记忆法 …………………………………………………………… (127)
四、口诀记忆法 …………………………………………………………… (127)
五、重复记忆法 …………………………………………………………… (127)
六、形象记忆法 …………………………………………………………… (127)
七、联想记忆法 …………………………………………………………… (127)

第四节　把控实战技巧 …………………………………………………… (128)

一、目光坚定，给人信心 ………………………………………… (128)
　　二、动作得体，表意明确 ………………………………………… (128)
　　三、脱稿演讲，应景应人 ………………………………………… (128)
　　四、适当设问，调动气氛 ………………………………………… (128)
　　五、表情丰富，自然诚恳 ………………………………………… (128)
　第五节　演讲 PPT 的制作技巧 ……………………………………… (129)

第十三章　演讲的风格 ……………………………………………… (131)

　第一节　演讲风格概述 ………………………………………………… (133)
　　一、演讲风格的含义 ……………………………………………… (133)
　　二、演讲风格的特点 ……………………………………………… (133)
　第二节　常见的演讲风格 ……………………………………………… (134)
　　一、诚恳型演讲风格 ……………………………………………… (134)
　　二、激昂型演讲风格 ……………………………………………… (134)
　　三、严谨型演讲风格 ……………………………………………… (135)
　　四、绚丽型演讲风格 ……………………………………………… (135)
　　五、幽默型演讲风格 ……………………………………………… (135)
　　六、柔和型演讲风格 ……………………………………………… (136)

第十四章　即兴演讲 ………………………………………………… (139)

　第一节　即兴演讲概述 ………………………………………………… (140)
　第二节　即兴演讲的开场 ……………………………………………… (140)
　　一、设问开场 ……………………………………………………… (141)
　　二、猎奇叙事 ……………………………………………………… (141)
　　三、解题明旨 ……………………………………………………… (141)
　　四、抒情达意 ……………………………………………………… (142)
　　五、借物传情 ……………………………………………………… (142)
　　六、日常感知 ……………………………………………………… (142)
　　七、幽默开篇 ……………………………………………………… (143)
　　八、取喻明理 ……………………………………………………… (143)

第十五章　辩论 ……………………………………………………… (146)

　第一节　辩论概述 ……………………………………………………… (147)

第二节 辩论的基本技巧……………………………………………………………(149)
　　一、就事论事……………………………………………………………………(149)
　　二、死缠烂打……………………………………………………………………(150)
　　三、主动转移……………………………………………………………………(150)
第三节 辩论赛的礼仪规范………………………………………………………(151)
　　一、着装服饰规范………………………………………………………………(151)
　　二、姿态礼仪规范………………………………………………………………(151)
　　三、比赛临场礼仪………………………………………………………………(152)

参考文献……………………………………………………………………………(156)

模块一　团队篇

团队概述

★导学案例

《时尚》杂志是专门做女性时装宣传的，该杂志非常畅销。要编出一本畅销杂志，不论是总编还是其他成员都需要有自主性，能自发地去收集资料；需要有创造性，每个人都去想方法、想点子、想内容；需要有协作性，剪接人员、收集人员、采编人员、摄影人员充分地合作，才能够把杂志出色地编出来。尽管该杂志的发行量很大，但杂志社其实只是一家很小的公司。不过，虽然杂志社的规模小，但是和中国石油公司这样庞大的公司一样，都是一个团队。团队不同于群体，群体可能只是一群乌合之众，并不具备高度的战斗能力，而团队则具备自主性、创造性、协作性三个条件，拥有强大的竞争能力。团队是管理学上独具魅力的一个词，在竞争激烈的知识经济时代，单打独斗已经成为历史，现在的竞争已经不再是个体之间的竞争，而是更多地表现为团队与团队、组织与组织之间的竞争。很多时候，目标的实现、困难的克服、挫折的平复，不能仅凭借个人的力量与勇气，必须依靠整个团队的智慧。

★学前问题

1. 什么是团队？
2. 团队与群体的区别在哪里？
3. 成为一个团队，需要具备什么样的条件？

第一节　团队与群体

1994年，斯蒂芬·罗宾斯首次提出了"团队"的概念，他认为团队是为了实现某一目标而由相互协作的个体所组成的正式群体。在随后的十几年里，关于"团队合作"的理念风靡全球。近年来，团队的概念日益受到人们的青睐，它几乎成了将个体利益与整体利益相统一，从而实现组织高效率运作的理想工作状态的代名词。

中国文字中的"团队"是有"口""才"的人和一群有"耳"听的人组成的组织，只讲不听的组织是团伙。随着企业员工的素质和能力的提高，承担的责任和拥有的权力更广泛；企业对外面临降低成本的压力增大；信息技术的发展带来工作自动化和组织变革；管理中间层消失和鼓励基层人员自我管理；越来越强调人本价值；在这种变革的背景下，团队形式得以风行。

一、团队的定义

管理学家斯蒂芬·罗宾斯认为，团队是由两个或者两个以上的相互作用、相互依赖的个体，为了特定目标而按照一定规则结合在一起的组织。编者认为，团队是指一种为了实现某一目标而由相互协作的个体所组成的正式群体，群体里成员相互协同，解决问题，实现共同目标。

二、团队与群体的区别

团队与群体有着不同的特点。群体是两个以上相互作用又相互依赖的个体，为了实现某些特定目标而结合在一起的。群体成员共享信息，做出决策，帮助每个成员更好地担负起自己的责任。群体可以分为正式群体和非正式群体，具体可分为为命令型群体（学校领导班子）、任务型群体（为任务而共同工作）、利益型群体（共同关心的具体目标）、友谊型群体（球迷协会）等。团队则是一个有机整体，团队成员除了具有独立完成工作的能力之外，同时具有与他人合作共同完成工作的能力。团队的绩效源于团队成员个人的贡献，同时永远大于团队成员个人贡献的总和，即 1+1>2。而群体中成员没有协同工作的要求，群体的绩效是群体成员个人绩效的总和。团队与群体的区别具体表现在以下几个方面。

（1）领导方面。群体有明确的领导人；而团队可能不同，尤其团队发展到成熟阶段，成员共享决策权。

（2）目标方面。群体的目标必须跟组织保持一致；但团队的目标除了跟组织保持一致外，还可以产生自己的目标。

（3）协作方面。协作性是群体和团队最根本的差异，群体的协作性是中等程度的，有时成员还产生消极、对立的情绪；但团队中是一种齐心协力的气氛。

（4）责任方面。群体的领导者要负很大责任；而团队中除了领导者要负责之外，每一个成员也要负责，甚至要一起相互协作，共同负责。

（5）技能方面。群体成员的技能可能是不同的，也可能是相同的；而团队成员的技能是相互补充的，团队把拥有不同知识、技能和经验的人综合在一起，形成角色互补，从而达到整个团队的有效组合。

（6）结果方面。群体的绩效是每一个个体的绩效相加之和；团队的结果或绩效是由大家共同合作完成的产品。

第二节　团队的构成要素

任何组织的团队，都包括五个要素，简称"5P"，即目标（Purpose）、人员（People）、定位（Place）、权限（Power）和计划（Plan）。这五个要素是组成团队必不可少的。

一、目标

团队应该有一个既定的目标为团队成员导航，使他们知道要向何处去，没有目标的团队就没有存在的价值。对于一个企业来说，自从在组织内部建设团队开始，就必须树立明确的目标，直至该团队完成使命为止。建立团队的原因、希望团队能够为企业解决什么样的问题以及完成什么样的任务，这些都是在建立团队之初就应该明确的。团队的目标还有更广泛和深远的意义。共同远大的目标可以令团队成员振奋精神，与企业的政策相互配合，充分发挥自己的潜能，创造超乎寻常的成果，从而体会工作的真意，追求心理的成长与自我实现，并与周围的世界产生一体感。

归根到底，人是社会动物，有着一种自然的归属感。不仅团队，人类的任何一种组织的诞生都是基于人类存在共同的需求。只有共同的愿景才能使团队的成员知道自己的角色和任务，从而真正组成一个高效的群体，把工作上相互联系、相互依存的成员团结起来，产生$1+1>2$的合力，更有效地达成个人、部门和组织的目标。如果团队各个成员的目标各不相同，那么这个团队的前景就岌岌可危。当然，团队的目标也不是一成不变的。例如，在新产品开发出来以后，团队工作的目标会毫无疑问地转移到增强新产品的竞争力上去；如果目标是提高客户对产品的满意度，那么团队工作的第一步就是提高服务质量等。

如果一个团队失去目标，团队成员就会失去方向，最后的结果就是失败，那么这个团队存在的价值就要大打折扣。团队的目标除跟组织的目标一致外，还可以把大目标分成小目标具体落实到各个团队成员身上，大家合力实现共同的目标。同时，目标还应该有效地向大众传播，让团队内外的成员都知道这些目标，有时甚至可以把目标贴在团队成员的办公桌上、会议室里，以此激励所有的成员为这个目标努力。

★案例1-1

曾经有人做过这样一个实验：组织3组人，让他们沿着公路步行，分别向10公里外的3个村子行进。甲组不知道去的村庄叫什么名字，也不知道它有多远，只告诉他们跟着向导走就是了。这个组刚走了两三公里时就有人叫苦了，越往后他们的情绪越低，溃不成军。

乙组知道去哪个村庄，也知道有多远，但是路边没有里程碑，人们只能凭经验大致估计需要走两个小时。这个组走到一半时才有人叫苦，大多数人想知道他们已经走多远了，比较有经验的人说："大概刚刚走了一半儿的路程。"于是大家又簇拥着向前走。当走到3/4路程时，大家情绪低落，觉得疲惫不堪，而路程似乎还长着呢！而当有人说快到了时，大家又振作起来，加快了脚步。

丙组最幸运。大家不仅知道所去的是哪个村子，它有多远，而且路边每公里有一块里程碑。人们一边走一边留心看里程碑。每看到一个里程碑，大家心里便有一阵小小的快乐。这个组的情绪一直很高涨。走了七八公里以后，大家确实都有些累了，但他们不但没有叫苦，反而开始大声唱歌、说笑，以消除疲劳。最后的两三公里，他们越走情绪越高，速度反而加快了。因为他们知道，那个村子就在眼前了。

这个实验说明，当人的行动有了明确的目标，并且把自己的行动与目标不断地加以对照，清楚地知道自己进行的速度和不断缩小达到目标的距离时，人的行动就会得到维持和加强，就会自觉地克服一切困难。

二、人员

人是构成团队最核心的力量，3个以上（包含3个）的人就可以构成团队。团队是由人组成的。确定团队目标、定位、职权和计划，都只是为团队取得成功奠定基础，最终能否获得成功取决于人。目标是通过人员具体实现的，所以人员的选择对于团队是非常重要的。在一个团队中需要有人出主意，有人制订计划，有人实施计划，有人协调不同的人一起工作，还要有人监督团队工作的进展以及评价团队最终的贡献。

在选择成员方面企业的自主性很大，一旦明确了团队需要进行哪些工作，就要制订团队人员职位的明确计划。无论谁负责这项工作，都应该尽可能多地去了解候选者的技能、学识和经验。更重要的是，这些资源在多大程度上符合团队的目标、定位、职权和计划的要求。这都是在选择和确定团队成员时必须认真了解的。

三、定位

定位包含两层意思：一是团队的定位，包括团队在企业中处于什么位置，由谁选择和确定团队的成员，团队最终应对谁负责，团队采取什么方式激励下属；二是个体的定位，是指个体作为成员在团队中扮演什么角色，是制订计划还是具体实施或评估。

在迈克·波特的《竞争战略》中，定位是一个非常重要的方法。在企业的团队建设中也是如此，但是它考察的重点不是外部的竞争环境，而是企业内部对团队的身份既定。团队如何结合到现有的组织结构中、如何产生出新的组织形式，是管理者们应该思考的问题。

在讨论团队的定位问题时，有必要首先回答一些重要的问题，例如，团队是什么类型的？团队面临的首要任务是什么？团队对谁负责？依据什么原则确定团队的成员和团队的各种规范？

明确团队的定位是非常重要的，因为不同类型的团队有着极大的差异，它们在工作周期、一体化程度、工作方式、授权大小、决策方式上都有很大的不同。例如，一个服务团队可能需要持久地工作，它的一体化程度就非常高，成员的差别化不大，而一个研发团队的工作周期可能很短，但是它的成员的差别化要求会很高。

在团队的定位明确以后，就可以制定一些规范，规定团队任务、确定团队应如何融入组织结构中。同时，也可以借此传递公司的价值观和团队预期等重要信息。当然，这不仅仅是一个改造组织结构的问题，更重要的是要改造公司思维，使其成为一个更具有合作性的工作场所，让来自组织中的不同部门的人们能够成为真正的团队伙伴。这需要深入研究传统的组织结构模式，重新审视组织自身的结构问题，给企业团队进行准确的定位。

四、权限

所谓权限，是指团队负有的职责和享有的权利大小。

对团队权限进行界定的过程也就是要回答以下几个问题：团队的工作范围是什么？它能够处理可能影响整个组织的事物吗？它的工作重心集中在某一特定领域吗？不同团队的界限是什么？你所组建的团队在多大程度上可以自主决策？

团队当中领导人的权利大小跟团队的发展阶段相关。一般来说，团队越成熟，领导者所拥有的权利相应越小，而在团队发展的初期领导权是相对比较集中的。

团队权限关系包括两个方面。

（1）整个团队在组织中拥有的决定权。如财务决定权、人事决定权、信息决定权。

（2）组织的基本特征。如组织的规模、团队的数量、组织对于团队的授权范围以及组织的业务类型。

团队工作的成效在很大程度上取决于团队的积极性和主动性。在企业中，影响人们工作积极性的主要因素就是权、责、利的合理配置。团队的权限范围必须和其定位、工作能力及所赋予的资源相一致。调动团队的积极性，需要适当、合理的授权。

这些实际上是团队目标和团队定位的延伸。解决了这些问题，也就初步解决了团队的权限问题。当然，要解决的问题会因团队的类型、目标和定位不同而有很大的差异，这也取决于组织的基本特征，如规模、结构和业务类型等。对于复杂多变的情况，无法给出特定的解决方案，但是在解决权限问题时必须坚持的原则是在考虑团队权限因素时，一定要分清轻重缓急。

五、计划

计划包括两个层面的含义。

（1）目标最终的实现，需要一系列具体的行动方案，可以把计划理解成目标的具体工作程序。

（2）提前按计划进行可以保证团队的顺利进展。只有按计划操作，团队才会逐步地接近目标，从而最终实现目标。

一份好的团队工作计划常常能够回答以下问题：每个团队有多少成员才合适？团队需要什么样的领导？团队领导职位是常设的还是由成员轮流担任？领导者的权限和职责分别是什么？应该赋予其他团队成员特定职责和权限吗？各个团队应定期开会吗？会议期间要完成哪些工作任务？预期每位团队成员把多少时间投入团队工作中？如何界定团队任务的完成？如何评价和激励团队成员？

但是我们不可能对以上某些问题给出具体的解答。其具体的答案应根据组织本身的特点和实际需要进行合理选择。需要强调的一点是，有些规模或结构相对简单的组织应当优先考虑人员问题而不是优先考虑职权和计划问题。这样可以避免在决定团队如何发挥作用之前选定团队成员而出现的一系列问题。

第三节　团队的类型

斯蒂芬·罗宾斯根据团队存在的目的以及拥有自主权的大小，将团队分为以下几种类型。

一、多功能型团队

多功能型团队是由同一等级、不同部门的员工为完成一项特定的任务而组成的团队，常用于新产品开发中。其优点是不同领域员工之间可以交换信息，激发出新的观点，解决面临的问题，协调复杂的项目。其缺点是团队成员之间建立信任、合作需要时间。多功能型团队的兴盛时期是20世纪80年代末，当时所有主要的汽车制造公司，包括丰田、尼桑、本田、宝马、通用、福特、克莱斯勒都采用了多功能型团队来直接完成复杂项目。

20世纪60年代，IBM开发了卓有成效的360°反馈系统，该系统采用的是一种大型的任务攻坚团队，成员来自公司各个部门。由于团队成员知识、经验、背景和观点各不相同，加上要处理复杂多样的工作任务，因此实行这种团队形式，建立有效的合作需要相当长的时间，而且要求团队成员具有很强的合作意识和很高的个人素质。

多功能型团队并不是简单的人员组合，它的管理模式也不是简单的管理荟萃，其在团队建立的早期需要花费大量的时间和精力来搭建组织内部、组织之间不同领域员工的信息交流平台，还要调和团队成员间因地域、部门、能力不同而造成的矛盾。因此，将那些背景、经历和观点不同的成员聚合在一起，再建立起相互信任并能真正合作的平台也需要花费大量的时间。但总的来说，采用多功能型团队是一种有效的方式，它能让组织内（甚至组织之间）不同领域员工之间交换信息，激发出新的观点，解决面临的问题，从而做好复杂的项目。

二、问题解决型团队

问题解决型团队是一种临时性团队，是为了解决组织面临的一些特殊问题而设立的。问题解决型团队的核心任务是提高生产质量、提高生产效率、改善企业工作环境等。在这样的团队中成员就如何改变工作程序和工作方法相互交流，提出一些建议，成员几乎没有实际权力来根据建议采取行动。

最初，团队类型大都属于问题解决型，是来自同一部门的若干名志同道合的人临时因为某一件事情聚集在一起，就如何扩大产品知名度、提高生产线产出率、改进工作流程、改善工作环境等问题展开讨论，相互交换意见，吸收彼此的观点，形成集体决策，达成工作共识，这种团队称为问题解决型团队（problem-solving teams）。但是，这些团队却不具备执行力,即这些团队中形成的意见和建议专门由具有执行力的部门负责采取行动,贯彻决策或目标。

20世纪80年代,问题解决型团队的典型代表为"质量管理小组"或者"质量圈"。这种工作团队的组成结构为:职责范围近似或重叠的部分员工、主管,一般人数为5~12人。他们定期举行会议,在现场讨论质量问题或生产过程中将要面临的问题,调查原因,提出解决问题的建议,并监督相关部门采取有效的行动。

三、自我管理型团队

随着团队素质的不断提高,缺乏贯彻力、执行力和调动员工的积极性、参与性动力不足等问题使问题解决型团队渐渐面临权力不足、功能欠缺等问题。为了弥补这种缺陷,就要求团队具有自主解决问题的能力,能够独立承担所有责任,具备这两种特征的团队被称为自我管理型团队。这种团队是一支真正能够独立承担责任的团队,团队中的成员不仅注重问题的解决,而且看重解决问题后的执行能力。

通常来说,自我管理型团队的人数为10~15人,团队的成员构成呈现多样化的特征。团队的成员需要分担一些上级领导的职责,如人员招聘、绩效评估、工作任务的分配、工作强度的分布,以及工作时间的安排。

但并不是所有采用自我管理型的团队都获得了团队成员的支持。例如,道格拉斯航空公司的员工在面临大规模的解雇形势时,就曾集合起来反对公司采用自我管理型团队形式,他们认为实行这种团队形式,并不一定能给公司注入新鲜的血液,也不一定能提高公司的管理效率。

因此,应正视自我管理型团队的功效,理智地认识到这并不是培养团队制胜能力的万能技巧和方法,在设计自我管理型团队以及期望其能拥有极高的工作效率之前,组织应开展一项环境分析,以确定自我管理型团队与一些组织因素保持一致。①企业对团队有明确和具体要求,并赋予相应的权力和责任;②组织的价值观和目标与团队具有一致性,组织文化和领导的支持为团队的运行提供了环境支持;③组织的资源、政策和训练保证团队具有竞争力。

四、虚拟团队

虚拟团队是指一群在不同地域的个人,通过信息技术进行合作的共同体。虚拟团队成员跨地区甚至跨组织地协同工作。目标对虚拟团队尤为重要,人在虚拟团队处于核心地位,一个虚拟团队最显著的特征是以联系成员和实施任务的一系列技术为手段和基础纽带。

国际互联网的日益普及,不仅拓宽了人们的信息渠道,同时也拓展了人们的工作空间,移动办公和异地办公日渐增多。随着网络应用水平的不断提高,基于网络进行工作和沟通以及管理的"虚拟团队"也日渐流行,这种俱乐部式的虚拟团队具有灵活多变的特点,以共同的目标为基础,其效率则是建立在相互的信任和配合上。如何维护和管理这种虚拟团队,提高团队效率,日益受到人们的关注。虚拟团队的出现,必然对传统的组织形式和管理方法提出新的要求。面对虚拟的成员,传统的命令和控制方式已不再有力。要想真正管理好虚拟团队，就必须调整虚拟成员的定位，并在虚拟团队中树立起良好的信任氛围。这种信任不是一成不变的，而是随环境和成员的变化而改变。而对这种无形的团队，只有靠有形的管理，才能做到"形散而神聚"。

拓展阅读

贝尔宾团队角色理论

贝尔宾团队角色理论由英国剑桥大学雷蒙德·梅瑞狄斯·贝尔宾博士（Dr. Raymond Meredith BeLbin）提出，他生于1926年，早年就读于英国剑桥大学，并获古希腊罗马文学与心理学博士学位。这个理论首次出现在他的著作《管理团队：成败启示录》（*Management Teams: Why They Succeed or Fail*, 1981）中。贝尔宾团队角色模型用以描述各具特征的团队成员角色，借此对团队成员的行为产生更为深刻的认识。贝尔宾团队角色模型通过对团队成员所表现出来的角色特征进行判分，从而辨识出每一个成功团队都必须具有的一定的角色，即一支结构合理的团队应该由八种角色组成，后来修订为九种角色。贝尔宾团队角色理论是高效的团队工作有赖于默契协作。团队成员必须清楚其他人所扮演的角色，了解如何相互弥补不足，发挥优势。成功的团队协作可以提高生产力、鼓舞士气、激励创新。利用个人的行为优势创造一个和谐的团队，可以极大地提升团队和个人绩效。没有完美的个人，但有完美的团队。贝尔宾博士将团队角色定义为个体在群体内的行为、贡献以及人际互动的倾向性。这九种团队角色如表1-1所示。

表1-1 贝尔宾团队角色九种类型

角色	典型特征	积极特性	弱点	在团队中的作用
智多星 PL（Plant）	有个性；思想深刻；不拘一格	才华横溢；富有想象力；智慧；知识面广	高高在上；不重细节；不拘礼仪	提供建议；提出批评并有助于引出相反意见
外交家 RI（Resource Investigator）	性格外向；开朗；热情；好奇心强；联系广泛；消息灵通，是信息的敏感者	有广泛联系人的能力；不断探索新的事物；勇于迎接新的挑战	事过境迁，兴趣马上转移	提出建议，并引入外部信息；接触持有其他观点的个体或群体；参加磋商性质的活动
协调员 CO（Coordinator）	沉着；自信；有控制局面的能力	对各种有价值的意见不带偏见地兼容并蓄，看问题比较客观	在智能以及创造力方面并非超常	时刻想着团队的大目标，明确团队的目标和方向；选择需要决策的问题，明确它们的先后顺序；帮助确定团队中的角色分工、责任和工作界限；总结团队的感受和成就，综合团队的建议

续表

角色	典型特征	积极特性	弱点	在团队中的作用
推进者 SH（Shaper）	思维敏捷；坦荡；主动探索	积极、主动，有干劲，随时准备向传统、低效率、自满自足挑战，有紧迫感，视成功为目标，追求高效率	好激起争端，爱冲动，易急躁，容易给别人压力；说话太直接，总是就事论事，经常伤人不伤己	寻找和发现团队讨论中可能的方案；使团队内的任务和目标成形，推动团队达成一致意见，并朝向决策行动
监督员 ME（Monitor Evaluator）	清醒；理智；谨慎	判断力强；分辨力强；讲求实际	缺乏鼓动和激发他人的能力；自己也不容易被别人鼓动和激发；缺乏想象力，缺乏热情	分析问题和情景；对繁杂的材料予以简化，并澄清模糊不清的问题；对他人的判断和作用做出评价
凝聚者 TW（Team Worker）	擅长人际交往；温和；敏感，是人际关系的敏感者	有适应周围环境以及人的能力；能促进团队的合作；倾听能力最强	在危急时刻往往优柔寡断，一般很中庸	给予他人支持，并帮助别人；打破讨论中的沉默；采取行动扭转或克服团队中的分歧
实干家 CW（Company Worker）	保守；顺从；务实可靠	有组织能力、实践经验；工作勤奋；有自我约束力	缺乏灵活性，应变能力弱；对没有把握的主意不感兴趣	把谈话与建议转换为实际步骤；整理建议，使之与已经取得一致意见的计划和已有的系统相配合
完美主义者 FI（Completer Finisher）	勤奋有序；认真；有紧迫感	理想主义者；追求完美；持之以恒	常常拘泥于细节；焦虑感（注意和 SH 的不同，SH 有紧迫感，但 FI 是焦虑感）；不洒脱	强调任务的目标要求和活动日程表；在方案中寻找并指出错误、遗漏和被忽视的内容；刺激其他人参加活动，并促使团队成员产生时间紧迫的感觉
专家（Specialist，这种类型是后来1988年新加的一种类型）	专心致志，主动自觉，全情投入	诚实、自我做起、专注	专业领域比较狭窄，只懂自己擅长的特殊专业领域，对其他事情兴趣不大	能够提供不易掌握的专门知识和技能

课后练习

1. 学生课下自行组成 8~10 人的团队，具体要求：
（1）确定一名团队负责人；
（2）确定团队名称；
（3）团队中要求男女搭配，至少有一人是男生或是女生；
（4）确定团队口号、标识以及队歌；
（5）进行团队成员的定位讨论。

讨论团队在学习过程中应遵守的规则，讨论结束后，选派一名代表到讲台前汇报（讨论时间：30 分钟，汇报时间：5~10 分钟）。

2. 麦当劳有一个危机管理队伍，责任就是应对重大的危机，其由来自麦当劳营运部、训练部、采购部、政府关系部等部门的一些资深人员组成。他们平时共同接受关于危机管理的训练，甚至模拟当危机到来时怎样快速应对，如广告牌被风吹倒砸伤了行人，这时该怎么处理？一些人员考虑是否把被砸伤的人送到医院，如何回答新闻媒体的采访？当家属询问或提出质疑时如何对待？另外一些人要考虑的是如何对这个受伤者负责，保险谁来出？怎样确定保险？所有这些都要求团队成员能够在复杂问题面前快速行动，并且进行一些专业化的处理。虽然这种危机管理的团队在一年当中没有多少时候能用得上，但对于跨国公司来说却是"养兵千日，用兵一时"，因为一旦问题发生就不是一个小问题。在面临危机时，如果做出快速而且专业的反应，危机会变成生机，问题会得到解决，而且还会给顾客及周围的人留下非常专业的印象。

分组讨论：麦当劳的团队属于哪种类型？探讨各个类型团队的不同点。

3. 请查阅课外资料，列举出 3 个采用自我管理型团队的公司，并谈一谈自我管理型团队的优势。

第二章 团队建设

★ 导学案例

有三只老鼠一同去偷油吃,到了油缸边一看,油缸里的油只剩一点点了,并且缸身太高,谁也喝不到。于是它们想出办法:一个咬着另一个的尾巴,吊下去喝,第一只喝饱了,上来,再吊第二只下去喝……第一只老鼠最先吊下去喝,它在下面想:"油只有这么一点点,今天算我幸运,可以喝个饱。"第二只老鼠在中间想:"下面的油是有限的,假如让它喝完了,我还有什么可喝的呢?还是放了它,自己跳下去喝吧!"第三只老鼠在上面想:"油很少,等它俩喝饱,还有我的份儿吗?不如松开它们,自己跳下去喝吧!"于是,这两只老鼠都争先恐后跳下去。结果,三只老鼠都落在油缸里,永远也逃不出来了。

团队是一个整体,一项工作能否顺利开展,在于团队的成员是否能够通力合作,如果团队中的每个人都各自打着各自的小算盘,就像故事中的小老鼠一样,只想着"要是别的老鼠把油喝完了,自己就没有油喝了",那么,到最后只能是谁都没有油可喝。只有当整个团队的利益都实现的前提下,个人的利益才可能实现。

★ 学前问题

1. 如何做好团队建设?
2. 在团队建设中有哪些常见的阻力和误区?

第一节 团队建设的目的和原则

我们已经知道,团队就是为了实现一个共同的目标而集合在一起工作的一群人。虽然一个团队有许多不同的任务要完成,但它一般只有一个共同的目标,也就是说,建立一个团队首先就要确保团队的所有成员拥有共同的目标，同时还要使他们能为实现这一目标进行良好的协作。

共同的目标并不是自然形成的，不能把团队具有共同目标看成是理所当然的事。例如，团队中的某些成员可能把他们的目标设定为维持团队的有效运行，而其他人也许会认为他们的目标是保持和增加产品的市场份额，另外还有人会认为他们的目标是维护团队在组织及外界的形象。虽然这三种目标在理想状态下能够自动地融合在一起，然而在现实的社会中，众多的差异性目标必然会使团队的理念和工作实践大不相同。因此，在建设团队之前必须将团队中存在的不同目标整理清楚。建设一个团队有许多方法，并且所有的方法都是间接地以某些机制为基础的。例如，传统的军队式方法，它是让一群人共同参加各种各样的、耗费精力的严格考验，使人们因共同经历了困难而相互了解。

一、团队建设的目的

团队产生于传统组织内部，它是传统组织为了进一步提高效率并能在不断变化的环境中生存下去而产生的结果。企业核心化为团队，是当今市场环境的直接要求。因此，建设团队的目的就是要克服传统组织的弊端，塑造出一种能够适应当前网络信息时代的新型组织。

从总体上来说，建设团队的目的有两个：第一，打造出以团队为基础的组织，优化组织结构，整合并放大组织的能力；第二，创造人性化的环境。由于社会的进步和人们接受教育程度的不断提高，企业员工的素质较以前有了很大的提高，现在企业中知识型员工的比重越来越大。员工不再是单纯地为了生存而工作，他们更渴望能充分发挥自己的能力与特长，希望能为组织的发展做出贡献，渴望取得成就来满足心理上的需要。所以，要把人本管理思想带进团队中。人本管理是以人为中心的人力资源管理，它把人作为企业中最重要的资源，根据各人的能力、特长、兴趣和心理状况等综合情况来科学安排最合适的工作，并在此过程中充分考虑到成员的个性化发展，通过全面的人力资源开发计划和企业文化建设，使员工在工作中能够充分发挥出积极性、主动性和创造性，从而提高工作效率、增加工作业绩，为达成组织的目标做出最大的贡献。

二、团队建设的原则

团队建设的首要任务就是要建立所有成员强烈而积极的归属感。如果团队成员之间不能相互认同，不认为其他成员的存在与自己休戚相关，不能将团队看作是"我们"，而仅仅认为是众多个体的简单集合，那么这样的团队是不可能有效工作的，也不可能在组织中长期存在。团队要想有效地工作离不开其所在组织的支持，然而在团队的建设过程中，团队运作背景常常会被忽略，这往往会为团队建设带来很大的障碍。因此，作为团队的管理者要充分考虑传统组织结构对团队的影响。在进行团队建设时，一般遵循以下几个原则。

1. 系统性原则

团队建设的成功与否和方方面面的内外部因素有关。因此，在决定进行团队建设和团队建设的过程中，要遵循系统性的原则，要从整体的角度去考虑和把握，做好各个方面的工作。

2. 实事求是原则

在建设团队时，应具体问题具体分析，也就是要做到实事求是。对于在其他组织中成功运用的做法，不能死搬硬套地全盘接受，而应首先对自己组织做一个全面完整的分析，以把握住自己组织所拥有的特点，然后再根据实际情况进行适当的调整，以适应所处的环境，形成属于自己组织的独特形式。

3. 循序渐进原则

建设一个团队不是一朝一夕的事情，不能一蹴而就。不仅团队自身的运作需要艰苦卓绝的努力，要想有效地发挥团队的作用，还需要组织内外环境协调配合。建设团队需要组织的许多方面都必须摆脱传统的做法，进行转变。然而，在变革的进程中必然会遇到障碍和阻力，因此，可遵循循序渐进的原则，采用试点、摸石头过河逐步总结推广的方式来开展团队建设活动。许多实践表明，采用此原则能明显地减小阻力，减少团队建设的实施成本。

4. 做好榜样原则

俗话说："其身正，不令而行；其身不正，虽令不从。"如果团队领导者要求员工遵循某项规则，自己一定要先做到才行，这是一条最直观、最实效的途径，也只有领导人员率先做好榜样，团队成员才会心服口服。团队领导者的职责不仅是与下属成员交谈，还要不断地鼓励下属成员，并做到言行一致。那些告诉员工"按我说的做，而非像我那样做"的领导者是不可能赢得下属尊重的，这样就不利于团队的发展。

5. 允许员工犯错原则

在团队工作中，如果员工犯了错误，不应该太苛责，要及时给予他们帮助。领导者特别要注意的是提醒员工不能犯相同的错误。第一次的错误是可以原谅的，但相同错误不断重复，就有可能会拖垮整个团队，所以应让团队成员学会在错误中学习，不断提高自身的能力。

6. 优劣互补原则

每个人都有缺点和弱点，要想取得成功就必然离不开别人的配合。团队成员要善于找出自己的弱点，通过和别人的合作以弥补不足，从而为成功奠定基础。一个优秀的团队应该是一个优劣互补、精诚合作的团队。

7. 和谐沟通原则

良好的沟通对团队的建设非常重要，在团队建设初期，必然存在许多的问题，这时团队就应该成为成员们交流的热土。作为团队创建者要鼓励成员表达自己的看法，使团队成员之间没有误解，从而达到理解一致、行动一致，进而使成员友好相处。

8. 以人为本原则

以人为本是现代企业管理的基本出发点，尊重人性、人人平等、问题公开化等都是团队建设的要点，团队领导者要让员工看到自己的位置和价值，并做到利益和信息的共享。

★案例2-1

士气有正有负，如同月亮有圆有缺。如果员工有怨气得不到发泄，也会导致团队气氛紧张，沃尔玛为此专门设置了一些"向上"沟通的渠道，有个"门户开放"政策，大致的意思是员工如果觉得不满意可以同直接上级的任意上级沟通。另外，沃尔玛还有如"草根会议"和"人事面谈"等由人力资源部门组织的管理层不在现场的保密的沟通方式,以此来了解员工对企业、管理层的看法。虽然这些越级沟通并不能得到跨级领导的直接指示,但一定会给到一些中立的、不带偏见的意见,让员工和其领导亲自解决,同时员工会得到跨级领导"持续保持关注"直到员工满意为止的承诺。

★ 案例 2-2

沃尔玛公司总部设在美国阿肯色州本顿维尔市,公司的行政管理人员每周花费大部分时间飞往各地的商店,通报公司所有业务情况,让所有员工共同掌握沃尔玛公司的业务指标。在任何一个沃尔玛商店里,都定时公布该店的利润、进货、销售和减价的情况,并且不只是向经理及其助理们公布,也向每个员工、计时工和兼职雇员公布各种信息,鼓励他们争取更好的成绩。

第二节 团队建设的过程

一、形成期

团队成员由不同动机、需求与特性的人组成,此阶段缺乏共同的目标,彼此之间的关系也尚未建立起来,人与人的了解与信任不足,彼此之间都很谨慎和礼貌。整个团队还没有建立起规范,或者对于规范还没有形成共同的看法,这时的矛盾很多,内耗很多,一致性不足,花很大的力气,也产生不了相应的效果。

形成期管理人员的主要任务有以下两个方面。

1. 初步构成团队的内部框架

在团队成立伊始,组织管理者应该对团队的各个要素十分明确,包括团队的目标、定位、权限、人员和计划。其团队内成员的角色应如何分配,工作人员如何取得,都是在团队组建期设定的。

2. 建立团队与外界的初步联系

主要包括:①建立起团队与组织内其他工作集体及职能部门的信息联系及相互关系;②确立团队的权限,如自由处置的权限、须向上级报告请示的事项、资源使用权、信息接触的权限等;③建立对团队的绩效进行激励与约束的制度体系;④争取对团队的技术(如信息系统)支持,如高层领导、专家及物资的支持,经费、精神方面的支持;⑤建立团队与组织外部的联系与协调,如建立与企业顾客、企业协作者的联系,努力与社会制度和文化取得协调等。

同时,管理人员必须快速让成员进入状态,降低不稳定的风险。形成期团队的关系方面要强调互相支持、互相帮助,因为此时期人与人之间关系尚未稳定,所以不能太过坦诚,以免对方无法接受。此时期的领导风格要采取控制型,不能放任,大致目标由领导者自己确立(但是要经过大多数成员的认同),应清晰直接地告知成员想法和目的,不能让成员自己想象和猜测，否则容易走样。此时也要尽快建立必要的规范，不需要完美，但是需要能尽快让团队进入轨道。

二、激荡期

团队经过组建阶段以后，隐藏的问题逐渐暴露，就会进入激荡期。成员们争权夺利，为获得有控制权的职位而钩心斗角。对于团队的发展方向也会争论不休，团队外的压力也渗透到团队内部，在各人维护自己权益的同时，增加了团队内部的紧张气氛。

激荡期包括成员与成员之间、成员与环境之间、新旧观念与行为之间三方面的激荡。

1. 成员与成员之间的激荡

团队进入激荡期后，会产生成员之间的激荡。这时，有关工作行为、任务目标、工作指导等方面的问题都会被暂时搁置在一边，成员之间由于立场、观念、方法、行为等方面的差异而产生各种冲突，人际关系陷入紧张局面，甚至出现敌视及向领导者挑战的情况，有些人可能暂时回避这种紧张的气氛，甚至有人准备退出这一新生团队。作为此情势下的团队领导者或成员，一方面要认识到激荡期是团队成长所必须经历的阶段，产生冲突并不一定是坏事，相反，它促进了潜在问题的暴露，为团队成长以及进入规范期创造了条件，而且冲突和激荡能促进成员之间互相提高，也是团队有效决策和绩效提高的重要手段；另一方面，领导和成员都应积极解决冲突，并且要清醒地认识到协调个人的差异和安定大家的情绪是需要时间的，绝不能采取压制的手段，而且应引导大家冷静地对待这一局面，讲明"冲突不如合作"的道理，在冲突与合作中寻求平衡。在这里，许多有关解决冲突、促进沟通、改善人际关系的方法和技巧都可得到广泛深入的运用。

2. 成员与环境之间的激荡

团队会产生成员与环境之间的激荡，这种激荡主要包括：①成员与组织技术系统之间的激荡。例如，团队成员可能对团队采用的信息技术系统或新的制作技术不熟悉，经常出差错。这时最紧迫的是进行技能培训，使成员迅速掌握团队采用的技术。②成员与组织制度系统之间的激荡。一方面，在团队建设中，组织会在其内部建立起与团队运作相适应的制度系统，如人事制度、考评制度、奖惩制度等。这些制度既有可能是不完善的，也有可能与习惯于传统体制的人员不适应。这时要做的工作，一是使成员尽快适应新的体制，二是不断完善和推广新的体制，使之适应成员的实际情况、客观环境的变化及团队建设计划的执行步伐。另一方面，新的制度体系通常是与传统体制并存的，不仅新旧体制会有矛盾，而且处于新旧体制之下的团队成员也常常会感到无所适从。这时需要做的工作，一是尽量消除新旧体制之间的矛盾。二是表示推行新体制的决心，消除团队成员狐疑观望、首鼠两端的态度，使之尽快全身心地投入到团队建设之中。③团队成员和整个团队与组织其他部门之间的关系磨合。团队在成长过程中，与组织其他部门要发生各种各样的关系，也会产生各种各样的矛盾，需要进行协调。④团队与社会制度及文化之间的关系协调。

3. 新旧观念与行为之间的激荡

团队在激荡期会产生新旧观念与行为之间的激荡。传统组织通常假设人是"经济人"，认为人天性懒惰、不愿负责、易受诱惑、不诚实、只关心自己的事。团队则假设人是复杂的人，而且更注重努力工作、积极参与、愿意负责、慷慨宽容、诚实可信的方面。这样，团队在激荡期就面临着人性的假设、管理哲学、价值观等方面的激荡与改变。传统组织在决策方面往往以个人决策为主，专断的情况很多；在组织方面强调严格的分工、等级制度与硬性的规章；在领导方面强调命令和服从，很少有民主；在权限方面重监督、惩罚与强制；在文化方面重视各安其位、严格执行、绝对服从等。而团队在决策方面则是团队集体决策及成员参与决策；在职责划分时非常灵活，成员彼此平等，行为准则很有弹性；在领导方面则强调民主和自我管理；在权限方面则强调共同愿景目标下的自我监督；在文化方面重视互相帮助、互相协作、活力热忱等。在传统组织中进行团队建设将面临一系列行为方式的激荡与改变，会碰到很多的阻力。在新旧激荡交替中，成员会因为害怕责任、害怕未知、害怕改变等而拒绝新的团队行为方式。领导可能会因为权力变小而拒绝放弃严厉的控制。这时需要运用一系列手段来促进团队的成长，如采用新的行为方式的培训、舆论宣传、纪律处分、奖励措施等。在这一阶段，成员将经历一系列的压力、挫折、学习、强化、行为矫正等。

三、凝聚期

经过一段时间的激荡，团队将逐渐走向规范。团队成员开始以一种合作方式组合在一起，并且在各派竞争力量之间形成了一种试探性的平衡。经过努力，团队成员逐渐了解了领导者的想法与组织的目标，建立了共同的愿景，互相之间也产生了默契，对于团队的规范有了了解，违规的事情减少。这时日常工作能够顺利进行，但是组织对领导者的依赖很强，还不能形成自治团队。

在这一阶段，最重要的是形成有力的团队文化。如何形成有力的团队文化，促成共同价值观的形成，调动个人的活力和热忱，增强团队的凝聚力，培养成员对团队的认同感、归属感，营造成员间互相合作、互相帮助、互敬互爱、关心集体、努力奉献的氛围，将成为团队建设的重要内容。团队能否顺利度过凝聚期以及团队形成的规范是否真正高效有力，将直接影响团队建设的成败与最终的绩效。

此时，还应该有更广泛的授权与更清晰的权责划分。在成员能接受的范围内，提出善意的建议，如果有新进的人员，必须让其尽快融入团队，部分规范成员可以参与决策。但在授权的同时，要维持控制，否则回收权力时会导致士气受挫，配合培训在此时是很重要的。

四、收获期

团队经过组建、激荡和规范，开始变得成熟，懂得应付复杂的挑战，能执行其功能，并且可以根据需要自由交换，任务得以高效地完成。此时期，团队成员成为一体，愿意为团队奉献，智慧与创意源源不断。

在收获期，团队成员的注意力已经集中到了如何提高团队效率和效益上，他们把全部精力用来应付各种挑战，这是一个出成果的阶段。此时，团队成员的角色都很明确，并深刻领悟到完成团队的工作需要大家的配合和支持，同时已学会以建设性的方式提出异议。成员之间高度互信，彼此尊重，呈现出接受群体外部新方法、新输入和自我创新的学习性状态。整个团队已熟练掌握如何处理内部冲突的技巧，并能通过团队会议来集中大家的智慧做出高效决策，通过大家的共同努力追求团队的成功。在执行任务过程中，团队成员更加了解，增进了友谊，同时整个团队也更加成熟，工作也更加富有成效。

这时，领导者必须创造参与的环境，以身作则，使得工作更有成效。此阶段，自治团队已经建立成功，组织会爆发出前所未有的潜能，创造出非凡的成果，并且能以合理的成本，高度满足客户的需要。

五、修整期

对于经过以上各阶段的努力未能建成真正的高效团队，在执行期表现差强人意的团队，进入修整期时，可能会被勒令整顿，即通过努力消除一些假团队的特质，经过"回炉处理"，希望锤炼成真正的团队，于是出现新一轮的团队建设。对团队实行整顿的一个重要内容是优化团队规范，这时可用到皮尔尼克（S. Pilnick）提出的"规范分析法"。首先是明确团队已经形成的规范，尤其是那些起消极作用的规范，如强人领导而非共同领导，分别负责任而非联合责任，彼此攻击而非互相支持等假团队的特质。其次是制定规范剖面图，得到规范差距曲线。再次是听取各方面对这些规范进行改革的意见，进行充分的民主讨论，制定系统的改革方案，包括责任、信息交流、反馈、奖励和招收新员工等。最后是对改革措施实现跟踪评价，并做出必要调整。

此时管理者更需要系统地思考，通观全局，并保持危机意识，持续学习，持续成长。

★案例 2-3

微软是以创造团队文化闻名的公司。以项目小组的形式来开发电脑软件是由微软首创的。微软的产品是电脑软件，专业性很强，需要积累和不断创新，并要求不能出错。在这种情况下，公司需要的文化并非一团和气的温暖，而是平等又充满争论的团队文化，在思想的交锋中产生创新的火花，在不同视角的争辩中创造最独特完美的产品，这是合作精神在微软产品项目小组中的体现。团队合作的内容和意义在不同的组织环境中各不相同，并非千篇一律。

那么微软的这种独特的团队合作文化又是如何创建的呢？这里强调一下公司创立者在建立企业文化中的重要作用。比尔·盖茨从小就是个电脑迷，而且很小就有用电脑知识赚钱的意识。上中学时，他就整天待在电脑前，而且还为学校的一个项目编程。他对电脑的狂热和痴迷使他只追求知识和真理，而对权威毫无敬畏之心。他在从哈佛辍学去新墨西哥州的一家电脑公司工作的时候，公司里没有一个人敢与公司的技术老板顶嘴，但只有最年轻的比尔敢。他与保罗·艾伦创办微软之后，敢于向他人的思想挑战的风气就被鼓励并发扬光大，他甚至要求向他汇报工作的人以及所有项目小组都遵循"敢提不同意见"的原则。项目小组有名的"三足鼎立"结构也就这样建立起来：软件设计员、编程员、测试员，三种人员彼此挑刺，刺挑得越多，最后的产品就可能越完善。而项目小组的成员都平等，组长也没有特别的权力，主要担任沟通协调的角色，解决任务冲突、人员冲突、时间冲突，使大家愉快配合，按时将产品完成。这样独特的团队合作之所以能够实现，与公司的几个重大环节的把握有十分密切的关系。首先是公司文化的创立（如前所述）。其次是人员招聘的把关。微软招人时用的测试题全是智力和创意测试，已经成为IT行业招聘的经典。也就是说，微软招的人身上都有些许比尔·盖茨的影子：对电脑技术的沉迷热情，懂得思维的乐趣，同时又率真而无视权威。再次是分工的明确和流程设计的周密。每一个团队成员都十分清楚自己的职责,自己的工作在整体中的位置和顺序以及时间进度。由于分工明确,而且每个人都无法被他人替代,因此彼此都互相尊重,同时敢于提出自己的不同见解。最后则是大家都有明确的共同目标:让产品按时并高质量地完成。

第三节 团队建设中存在的阻力和误区

一、团队建设中存在的阻力

虽然团队建设成为流行的趋势已是事实,但在具体的团队建设过程中仍会不可避免地遇到一些阻力。

1. 传统的看法和态度

传统组织的工作方式大都是自上而下地传达命令,员工不用考虑自己的工作内容,因为上级会明确地告诉他们在何时何地去做何事。而一旦不再有上司,许多人便深感难以适应,因为他们已经对上司产生了依赖性。例如,一个生产线工人,在得知公司将变更为团队的工作方式时,用拳头捶着桌子,说他有权利要求有个上级告诉他要做什么。

2. 部门间的各自为政

传统的组织结构中有生产部门、销售部门、研发部门和客户服务部门等,每个部门都有自己的部门职责,他们各自为政,不太喜欢相互融洽交流的团队方式打乱他们应有的阵地。但由此带来了许多问题,例如公司的销售业绩上不去,销售部门说生产部门没有生产出合格的产品,次品率太高,卖不出去;生产部门说研发出来的产品没有考虑到生产的工艺和流程,所做的开发就生产部门目前的技术、设备和人员的技巧而言是做不到的;研发部门说只有按照我们所设计的产品来生产才具有竞争力。这就导致了组织的堕落和衰退,团队要整合这些力量。如一个市场研发的团队过去是由研发部独自承担,但如今吸收了来自各个不同部门的成员,让生产部门的成员来确定研发与生产工艺如何衔接;让销售部门的成员了解顾客需要什么样的产品等。这样的研发部门其实是一种跨部门的合作团队,只有这样,研发出来的产品才能在生产、销售和客户服务等环节上被大众接受。

3. 死板而没有风险的企业文化

一般来说,企业都是越稳越好,但事实上成熟的企业都鼓励边缘化的探索,鼓励做一些冒风险的、有益的尝试,这会为企业未来的生存和发展带来新的渠道和发展路径,采用团队这一组织结构和工作方式对企业来说是一种很好的尝试。

4. 个人的担心

组织中的有些人会对团队产生疑惑,如既然强调团队的贡献,那么自己做出的贡献谁来承认?个人的成就感从哪儿来?如果在团队中必须保持一种合作的态势,那么个性还能不能发挥?个人优势还能不能得到认可?企业中还有人会担心采用团队工作方式后,自己会做更多的事情,会承担更大的责任,会和他人出现新的冲突,因而会在行为上抵触团队的构建工作。

5. 管理阶层的抗拒

向来以强迫或具有威胁性的方式来管理职员的经理无法轻易接受团队的概念，因为团队的工作与管理方式在许多方面都与传统的强硬作风截然不同。此外，管理层还会担心一旦有了团队，自己就会失去应有的权力和地位，组织机构将不再需要他们，所以在构建团队时就可能不会为团队建设提供足够的培训和支持，团队的组建工作就会遇到很大的困难。

二、团队建设中存在的误区

1. 过分推崇和强调"团队利益高于一切"

团队首先是个集体，由"集体利益高于一切"这个被普遍认可的价值取向，自然而然地衍生出"团队利益高于一切"的"论断"。但在团队里如果过分推崇和强调"团队利益高于一切"，可能会导致两个方面的弊端。一方面，极易滋生小团体主义。团队利益对其成员而言是整体利益，而对整个企业来说，又是局部利益。过分强调团队利益，处处从维护团队自身利益的角度出发常常会打破企业内部固有的利益均衡，侵害其他团队乃至企业整体的利益，从而造成团队与团队、团队与企业之间的价值目标错位，最终影响企业战略目标的实现。另一方面，过分强调团队利益容易导致个体的应得利益被忽视和践踏。如果一味强调团队利益，就会出现"假维护团队利益之名，行损害个体利益之实"的情况。作为团队的组成部分，如果个体的利益长期被漠视甚至侵害，那么成员的积极性和创造性无疑会遭受重创，从而影响整个团队的竞争力和战斗力，团队的总体利益也会因此受损。

2. 没有竞争机制，造成"大锅饭"局面

如果一个团队内部没有竞争，在开始时，团队成员也许会凭着一股激情努力工作，但时间一长，他们会发现无论是干多干少、干好干坏，结果都一样，那么他们的热情就会减退，在失望、消沉后最终也会选择以"做一天和尚撞一天钟"的方式混日子。这其实是一种披上团队外衣的"大锅饭"。只有通过引入竞争机制，实行赏勤罚懒、赏优罚劣，打破看似平等实为压制的利益格局，团队成员的主动性、创造性才会得到充分发挥，团队才能长期保持活力。

3. 过于追求团队亲和力，而认为"团队内部皆兄弟"

不少企业在团队建设过程中，过于追求团队的亲和力，认为"团队内部皆兄弟"，而严明的团队纪律是有碍团结的。这就直接导致了管理制度的不完善，或虽有制度但执行不力，形同虚设。纪律是胜利的保证，只有做到令行禁止，团队才会战无不胜。很多企业认为，培育团队精神，就是要求团队的每个成员都牺牲小我，换取大我，放弃个性，追求趋同，否则就是违背团队精神，就是个人主义在作祟。

拓展阅读

苹果电脑的创业历程——团队力量的见证

这里充满着青春的活力，这些年轻人正是一种中坚力量，是他们研制了苹果电脑，并将公司发展成为与IBM具有同等竞争力的电脑公司。1976年，斯蒂夫·沃兹尼亚克和斯蒂夫·乔布斯设计出个人电脑，并于一年之后以苹果Ⅱ型的商标投放市场。1980年，苹果电脑公司已迅速发展成为拥有1.18亿美元的企业。尽管第二年IBM也推出了自己制造的个人电脑,但当年28岁的董事长斯蒂夫·乔布斯并没有打算让路。

乔布斯和他的同事亲密无间。他在栽培人的方面是一个完美的典型。乔布斯是一个既狂热又明察秋毫的天才,他的工作就是专门出各种新点子,他是传统观念的活跃剂,他不会把什么事情丢在一边,也容不得无能与迁就的存在。

这些年轻人也纷纷对董事长乔布斯表述了自己的看法,他们希望在从事的工作中做出伟大的成绩。他们说:"我们不是什么季节工,而是兢兢业业的技术人员。"他们对技术有最新的理解,知道如何运用这些技术并用来造福于人。所以最简便的办法就是网罗十分出色的人物组成一个核心,让他们自觉地监督自己。苹果电脑公司招聘的办法是面谈。一个新来的人要和公司至少谈一次,也许要谈两三次,之后再来谈第二轮。当对录用做出最后决定时,就把苹果电脑公司的个人电脑产品——麦肯塔式拿给他看,让他坐在机器跟前,如果他没有显出不耐烦,就说这可是一部挺棒的计算机来刺激他,如果他的眼睛一下子亮起来了,就知道他和苹果电脑公司是志同道合了。

公司里人人都愿意工作,并不是因为有工作非干不可,而是因为他们满怀信心、目标一致。员工们一致认为苹果电脑公司将成为一个大企业。公司现在正在扩展事业的版图,四处奔走招聘专业经理人才。许多人是外行,只懂管理,不懂技术,但是他们懂得什么是兴趣、什么是最好的经理,他们是最伟大的献身者,所以他们上任,肯定能够干出别人干不出的杰出成绩,苹果电脑公司的决策者一直是这样认为的。

苹果电脑公司在1984年1月24日推出麦肯塔式电脑,在最初的100天里卖掉了75 000部,而且还在持续上升,粗略计算,个人电脑占到公司全年15亿美元销售额的一半。在苹果电脑公司中,如今一切都要看麦肯塔式的经验,并且加以证明,他们可以得到许多这类概念来应用,在某些方面做些改进,然后形成模式,在所有的工厂中他们都在采用麦肯塔市场的模式,每个制造新产品的小组都是按照麦肯塔式的模式做的。麦肯塔式的例子表明,当一个发明班子组成以后,能够有效地完成任务,办法是分工负责、各尽其职,在人们意识到要为之做出贡献时,一个项目能否成功就是一次考验。在麦肯塔式外壳中不为顾客所见的部分是全组的签名,苹果电脑公司这一特殊做法的目的就是给每一个最新发明的创造者本人而不是给公司树碑立传。

本案例讲了非常重要的两个问题:团队精神和领导。

团队精神是指企业内部的思想和行为高度一致,充满团结的氛围,员工遵循企业共同的经营理念和管理理念,为了共同的事业而相互合作,从而使企业产生一种合力。但是团队精神不仅要求员工,更要求管理层,从领导班子做起,从上到下地共同建设一个团结的团队,从而形成一个公司的团队精神。所以团队的建设需要有一定的领导力。

苹果电脑公司的董事长斯蒂夫·乔布斯,是一位优秀的领导者。优秀的领导者最主要的特性就是,具有洞察市场的慧眼和难以抗拒的感召力,在他周围团结着与他志同道合的崇拜者。领导者是否具有感召力,关键是他和他的企业的价值观是否具有无穷的魅力。

要建立精英团队,首先要确定企业的精神或企业的信仰,确定企业的核心价值观;其次通过它来吸引志同道合的合作者(注意这里把员工作为事业的合作者来看待);最后,这种价值观,或是体现在企业的制度上,或是体现在领导者身上,国内有许多企业就是采取后一种方式。所以团队精神实质是企业文化的问题。

> **课后练习**

1. "看到自己"的活动，目的是帮助团队中的人彼此加深了解，巩固、完善、熟悉团队的人际关系。先在一张白纸上写下"自己认为自己在别人心目中的形象"，例如"我认为我在别人眼里是亲和的、爱笑的"等句子，写完之后将白纸贴在自己的身后，团队成员间相互在别人贴有白纸的背上写出对他或她的看法，尽可能地给更多人写，同时，也让更多人为自己写，并保持客观评价，写完之后，请成员围成圈，依次到圈中间来说出自己对自己的评价和别人对自己的评价，并进行探讨：为什么别人对自己的评价和自己对自己的评价有所不同？

2. 吴承恩的《西游记》可谓家喻户晓，故事情节跌宕起伏、韵味深远，作者渊博的学识与精湛的文笔令人佩服。如果我们用现代管理学的角度观察，会发现《西游记》原来还是一部古典团队建设理论教科书，师徒四人组成微型的团队，团队成员各具特点。这个团队虽小，但结构却很严谨，成员的角色定位也很清晰。如果从企业团队建设的角度剖析《西游记》，其中的取经人可视为一个行动有目标、领导有威信、成员能力互补性强，能够历经九九八十一难，最后修成正果的非常成功的团队。

分组讨论：

(1) 从这个团队"终成正果"的成功经验中，请分析总结出一些适用于团队建设的成功要诀。

(2) 分析师徒四人在团队中分别承担什么样的角色？

3. 请找到与你志同道合的学生3~6人，共同建立一个社团，并完成一份大学社团成立策划书。策划书内容包括社团名称、社团介绍、社团宗旨、成立目的、社团性质、社团发起人、社团组织构成、社团日常活动、社团规章制度等。

团队激励策略与冲突管理

★ 导学案例

英国有一家著名的长寿公司俱乐部，申请加入该俱乐部的企业寿命必须要超过300年。这家俱乐部成员的唯一共同点就是，这些企业都能跟随时代建立出符合时代要求的激励机制，从而使企业具有高度的敏感性。这种敏感性包括对外部市场变化的高度敏感、对企业内部管理的高度敏感、对企业发展技术的高度敏感、对企业内部控制的高度敏感和对人才吸引的高度敏感。正是企业的高度敏感性塑造了企业的百年老店。

企业的敏感性来自哪里？来自激励制度带来的企业活力。一家企业如何采取全新的激励机制雇用优秀的员工，发挥他们的优势呢？世界著名的经理人韦尔奇给出的答案是：要搞好一家企业，关键是要给20%表现优秀的员工不断地加薪，而不断地淘汰企业里表现较差的10%的员工。只要企业的最高决策层能做到这一点，企业肯定就能办好。

★ 学前问题

1. 团队激励的常用方法有哪些？
2. 五种处理冲突的策略是什么？

第一节 团队激励策略

一、团队激励的定义

所谓激励，就是使人的特性与环境的特性建立起适当的联系，以使其能产生管理者所预期的行为。团队激励即通过满足团队成员的生理的、心理的某种需要，激发与鼓励成员的工作热情、行为动机,调动成员的积极性,促使其有效地完成目标。

二、团队激励的作用

1. 吸引优秀人才

通过各种激励政策,如丰厚的待遇、明确快速的晋升通道吸引团队需要的人才。

2. 留住优秀人才

健全的团队激励机制,能激发优秀人才的创造性,对优秀人才起到保护作用,防止人才流失。

3. 营造良性的竞争环境

通过良性竞争,使团队成员感到适当的压力,这种压力会转变为成员的动力和实力。

三、团队激励的理论

1. 需求层次理论

需求层次理论是由美国心理学家亚伯拉罕·马斯洛于1943年在《人类激励理论》中提出的。他将人类需求按层次从低到高分为五种,分别是生理需要、安全需要、情感和归属需要、尊重需要和自我实现需要,如图3-1所示。

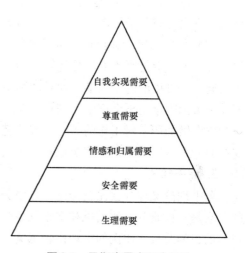

图3-1 马斯洛需求层次理论

(1) 生理需要。在这个世界上,每个人要想生存,必须有基本的生理需要的满足。生理需要在人的所有需要中是占绝对优势的,它是人类最基本的需要,是需求层次金字塔的基础。

(2) 安全需要。安全需要具体包括安全、稳定、依赖、免受恐吓、焦躁与混乱的折磨,对体制、法律、秩序、界限的依赖等。在实际生活中,人们偏爱熟悉的事物,而非不熟悉的事物;偏爱已知的事物,而非未知的事物;偏爱已有的行动规律与秩序,而非无规则的变化等,所有这些都是人类对安全需要的具体表现。

(3) 情感和归属需要。人们对朋友、爱人的渴望,并且渴望在团体、家庭等正式或非正式组织中有自己的位置,这就是情感和归属需要。

(4) 尊重需要。尊重需要包括外界对自我的尊重和自己对自我的尊重。相对来说,自己对自我的尊重更重要一些。自己对自我的尊重即自尊,自尊需要的满足是指由于实力、成就、优势、用途等自身内在因素而形成的个人面对世界时的自信和独立。外界对自己的尊重需要的满足,表现为地位、声望、荣誉、威信等外界较高评价的获得。自尊需要的满足可以获得一种自信的情感,使人觉得自己在世界上有价值,是组织中必不可少的有用的人。

(5) 自我实现需要。自我实现也就是一个人使自己的潜力发挥的倾向,成为自己所能够成为的最独特的个体,使自己成为自己想成为的那种人。一个人在其他基本需要都得到满足以后,自我实现需要就开始突出。对他而言,这时的工作不是生活所迫,不是为了金钱,也不是为了获取荣誉,而是一种兴趣。这时他确确实实是以工作为乐,而不是以工作为负担。自我实现是人类需要的最高层次。

2. 双因素理论

双因素理论又称激励—保健理论，是由美国心理学家赫茨伯格于1966年提出的一种工作动机理论。赫茨伯格将影响工作积极性的因素分为两类：一类是激励因素；另一类是保健因素。双因素理论如表3-1所示。

表 3-1 双因素理论

因素类型	定义	举例
激励因素	与工作内容紧密相关的因素，改变这些因素会使人获得工作满意感	成就感、认可、工作本身、责任感、晋升和个人发展
保健因素	与工作环境相关的因素，这类因素得不到改善会引起对工作的不满	公司政策、监督、工作条件、薪金、工作安全感

（1）激励因素。如成就感、认可、工作本身、责任感、晋升和个人发展等，它们一般都与工作内容有关，即都存在于工作内部。激励因素的满足导致了工作的满意。

（2）保健因素。如公司政策、监督、工作条件、薪金和工作安全感等，它们一般与工作环境有关。保健因素的满足能够减少工作的不满意感。赫茨伯格认为，工作满意和不满意不是同一个维度的两个极端，而是两类不同的因素。激励因素的满足虽然能导致工作满意，但缺乏激励因素也不会产生不满意；缺乏保健因素虽然会导致工作不满意，但保健因素的满足却不会增加职工对工作的满意。按照赫茨伯格的双因素理论，钱只是一个保健因素，而不完全是一个激励因素，要客观地看待金钱、福利等在员工激励中的作用。

3. 公平理论

公平理论又称社会比较理论，是由美国心理学家约翰·斯塔希·亚当斯于1965年提出的。它是一种研究人的动机和知觉关系的激励理论，认为员工的激励程度源于对自己和参照对象的报酬及投入比例的主观比较感觉。公平理论指出，人的工作积极性不仅与个人实际报酬多少有关，而且与人们对报酬的分配是否感到公平更为密切。人们总会自觉或不自觉地将自己付出的劳动代价及所得到的报酬与他人进行比较，并对公平与否做出判断。公平感直接影响职工的工作动机和行为。因此，从某种意义上来讲，动机的激发过程实际上是人与人进行比较，做出公平与否的判断，并据以指导行为的过程。公平理论研究的主要内容是职工报酬分配的合理性、公平性及对职工产生积极性的影响。

亚当斯认为，职工的积极性取决于他所感受的分配上的公正程度（即公平感），而职工的公平感取决于一种社会比较或历史比较。社会比较，是指职工对他所获得的报酬（包括物质上的金钱、福利和精神上的受重视程度、表彰奖励等）与自己工作的投入（包括自己受教育的程度、经验、用于工作的时间、精力和其他消耗等）的比值与他人的报酬和投入的比值进行比较。历史比较，是指职工对他所获得的报酬与自己工作的投入的比值同自己在历史上某一时期内的这个比值进行比较。

四、有效激励的基本原则

1. 差异化激励原则

俗话说：人过一百，形形色色。因此，员工激励必须实现差别化，要像打破分配制度的"大锅饭"一样打破激励制度的"大锅饭"。团队激励要根据团队具体情况制定不同的激励制度。

2. 动态持续激励原则

人们的一种需要基本或部分满足以后，立即会产生另一种或多种需要，而且，随着时空条件的不断变化，这种需要的满足感也会不断下降，甚至变成不满足。这就要求企业对员工的激励必须是动态的和持续的，不能"一次激励定乾坤"。实现动态持续激励的基本方法和程序是：做到"了解需要—制订计划—实施激励—激励效果评估"路径循环，循环次数因企业不同情况而定。

3. 物质激励与精神激励相结合原则

一般而言，生理需要和安全需要的一部分属于物质激励的范畴，而情感和归属需要、尊重需要以及自我实现需要的另一部分则属于精神激励的范畴。随着社会进步和人类生活水平的不断提高，人们对精神方面的需要越来越迫切，而且要求越来越高。企业应因势利导、与时俱进，不断地调整激励策略和方法。

4. 短期激励与长期激励相交叉原则

短期激励指即时的或一次性的激励；而长期激励则指规范性的、期限较长的激励。短期激励具有灵活性和时效性；长期激励则具有稳定性和持久性。因此，短期激励与长期激励的交叉配合，会使激励效果最佳。短期激励的方法有增加工资、津贴、补贴、奖金、带薪假期、培训机会、旅游等；长期激励的方法有经理人股票期权、员工持股等。

5. 公平、公正、公开原则

激励措施的公正性是有效激励的根本保证。贯彻公平、公正、公开激励原则的主要要求有以下三点。

（1）消除激励歧视，激励面前人人平等。

（2）员工参与激励计划的制订，并能对过程进行有效监督。

（3）公开激励计划的内容和实施的结果。

6. 正激励与负激励相结合原则

正激励，就是对成员符合组织目标的期望行为进行激励；负激励就是对违背组织目标的期望行为进行惩罚，激励过程中要兼顾二者来考虑。

7. 时机性原则

要把握激励的时机，"雪中送炭"的及时激励有利于更好地激发团队成员的工作热情。

五、激励的具体方法

1. 目标激励

组织的目标与个人的需求完美结合，可以产生巨大的动力。有长远的愿景目标、中期目标、近期目标，有大、中、小目标，目标应与员工的能力、任务相结合。

2. 奖惩激励

奖励是正强化，是直接激励。惩罚是负强化，是间接激励。

3. 数据激励

运用数据显示成绩，能有可比性和说服力地激励员工的进取心。

4. 团队领导行为激励

领导行为通过榜样作用、暗示作用、模仿作用等心理机制激发下属的动机，调动下属工作、学习的积极性，这种激励称为领导行为激励。

5. 典型激励

树立团队中的典型人物和事例，经常表彰各方面的好人好事，营造典型示范效应。

6. 良好的沟通渠道

创造良好的沟通渠道，架起沟通的桥梁，真心倾听。

7. 学会赞美

要充分相信员工的能力，给员工提高的机会，并时常赞美员工。

★ 案例 3-1

在沃尔玛物质奖励较少，即使促销比赛第一名，也只奖励一个10元左右的笔记本，实在无足轻重。可是总经理却用10分钟时间"狠狠地"表扬了获奖员工的工作精神和方法，并发了一个奖状，然后又合影，最后还让给大伙讲几句，这种"招待"让人很受用。沃尔玛认为"物质激励"很容易把员工引导至"唯利是图"的不轨之路，会破坏团队的正气，而精神奖励更会使团队积极向上。沃尔玛就是从"小处着手，大处着眼"，不断地积累员工对企业的满意度。

★ 案例 3-2

推崇"狼性文化"的华为企业，颇为重视对于员工的培训与教育。每个新员工入职，都会有一个工号，工号的数字便意味着你是第几个加入华为的员工，新员工在加入公司后还会拥有自己的培训档案，以记录在华为每次培训的培训内容、考试结果、教官评语和培训状态。

华为的入职培训一般以"打败跨国公司，进入世界500强，为民族工业争光"为精神理念。在培训时，华为会从生产、市场和管理一线抽派员工与新人进行近距离交流，由于采取了案例教学的方法，新员工总会从培训中领悟到对工作最有价值的信息。同时，华为的高层还会现身培训场所，进行热情洋溢的演讲。

每当公司最高领导任正非演讲时，新员工总是听得兴致勃勃，被激发出无限的热情。在进行入职培训时，团体进行大合唱也是一个重要的内容，华为一般选取的歌曲为《真心英雄》和《华为之歌》，运用这种方式产生鼓舞的力量，常常使员工在大声歌唱时热血沸腾，会对在华为的未来怀有无限美好的憧憬。

华为格外重视公司的人才储备，不惜重金从英国HAY公司引进了全套人力资源管理系统，内容包括任职资格、职业发展和考核体系等。这种举措不仅使华为具备了持续发展的人才力量，还使公司"狼性文化"的传承得到了制度的支撑。

第二节 团队冲突管理

一、团队冲突的定义

团队冲突是团队生活中无法避免的现象，它是指由于目标、资源、预期、感觉或价值观的不相容，所导致的两个或更多的人之间以及工作小组之间的相互排斥。

二、团队冲突的种类

团队冲突从相互作用的观点来看，可以分为良性冲突和恶性冲突。

1. 良性冲突

双方有共同的奋斗目标，通过一致的途径及场合了解对方的观点、意见，以争论的问题为中心，在冲突中互相交换信息，最终达成一致。这类冲突对于企业目标的实现是有利的，应当加以鼓励和适当引导。

2. 恶性冲突

持不同意见的双方的目的和途径不一致，在冲突的过程中不分场合、途径，过多地纠缠于细枝末节，是团队内耗的主要原因，严重时还可能会导致团队的分裂甚至解体。这类冲突是管理层所应当尽量避免的。

三、团队冲突的效应

1. 团队冲突的正面效应

（1）冲突能够促进团队成员对重大事项进行审慎分析。

（2）冲突具有激励作用，可以带来竞争，唤起成员的危机感和紧迫感。

（3）冲突是团队变迁的源泉。

（4）冲突有时可以改善团队气氛。

2. 团队冲突的负面效应

（1）冲突导致团队运作的无序、混乱。

（2）冲突容易导致冲动和非理性行为发生。

（3）冲突使成员注意力由整体目标转向个人目标。

（4）冲突会导致团队运作效率的下降。

四、团队冲突管理

1. 团队冲突管理的原则

有效管理团队之间的冲突，需要遵循以下三条原则。

（1）要分清楚冲突的性质。建设性冲突要适当鼓励，破坏性冲突则应该尽量减少。

（2）要针对不同类型的冲突采取不同的措施。个人与个人之间、个人与团队之间、个人与组织之间、团队与团队之间、团队与组织之间都可能产生冲突，要分别采用不同的管理对策。

（3）充满冲突的团队就像一座火山，没有任何冲突的团队就像一潭死水，因此既要预防团队之间的冲突，也要激发团队之间的冲突。

2. 团队冲突管理的方法

常见的团队冲突管理的方法很多，这里主要介绍托马斯（K·Thomas，美国的行为科学家）的五种冲突处理策略。托马斯的解决冲突二维模式，以沟通者潜在意向为基础，认为冲突发生后，参与者有两种可能的策略可供选择：关心自己和关心他人。在坐标轴上以"关心自己"为纵坐标（表示在追求个人利益过程中的武断程度），以"关心他人"为横坐标（表示在追求个人利益过程中与他人合作的程度），定义冲突行为的二维空间。于是，就出现了五种不同的冲突处理的策略：竞争、合作、妥协、迁就和回避。

（1）竞争。只满足自身利益，为达到目标而无视他人利益，常含有权力因素。应付危机或双方实力相差很大时往往有效。

（2）回避。试图置身于冲突之外，无视矛盾的存在，或保持中立。当冲突双方依赖性很低时，回避可避免冲突；当双方依赖性很高时，则会影响工作，降低绩效。

（3）迁就。只考虑对方的利益或屈从对方意愿，如恭维对方、不指责、提供帮助等。

（4）妥协。妥协实质上是一种交易，双方的目标都是在现有条件下获得最大利益。消极影响是双方可能因妥协满足了短期利益，但牺牲了长期利益。

（5）合作。以互补共得为特征，努力协调各方利益。合作就是积极理解对方的需求，尽可能地满足双方的利益。合作是双赢。

拓展阅读

高效团队的基本特征

1. 共同的目标

共同的目标是构成团队、维系团队成员的基础条件。一个团队的建立主要基于员工在追求特定目标上的能力，其成员之间的吸引力为次要因素。当成员基于一个共同目标而奋斗时，才会对彼此的优势予以认可，对彼此的缺点相互包容，凝聚力也因此而生。当个体的成长与团队的命运休戚相关、荣辱与共时，所有成员才会对团队产生归属感。共同的目标是个人与团队利益的纽带。

2. 良好的沟通与协调

沟通是指团队内人与人相互传递思想、交换信息，从而达到认识上的一致，协调是指取得行动上的一致，良好的沟通与协调能力是团队成熟程度的重要标志。

沟通的效果对于团队工作的成败有密切的关系，应注意消除障碍、提高效率，选择有效的途径和方式进行沟通。成员应在相互信任的气氛下工作，公开表达自己的想法、意见和问题，每个成员都应努力了解别人的看法与观点。团队成员由于价值观、信仰、态度以及行为方式的不同而存在着差异，个人之间的冲突总是在所难免的，没有任何团队能够完全和谐。差异会导致分歧，分歧发展到一定阶段就会导致冲突。但是，冲突并非都是破坏性的，冲突不仅不可避免，而且还是一种重要而积极的现象，许多新观念的火花往往是在此过程中产生的。如果只强调忠诚与合作，提倡唯唯诺诺和不发表意见，反而使矛盾不能暴露，窒息了团队的生机。应使团队中建设性的冲突保持在恰当的水平上，通过沟通、疏导在团队中建立积极面对冲突的组织氛围和议事规程。在达成共识之后，团队要有共同的行为规范去协调人们的行为，只有团队协作才能使本来分散的个人和具有不同能力和个性的人结合起来，携手作战，成为一个有共同目标的相互协调的整体。

3. 全员的高度参与

团队的运作往往采用协商和共同参与的方式，由全体成员共同决定团队的目标、结构、作业原则和规范。团队协作之所以具有强大的威力就是因为团队要吸引其成员直接参与各种管理活动；使全体员工不仅贡献劳动，而且贡献智慧，直接为企业的发展出谋划策，形成一股巨大的向心力。组建团队的目的就是要促使普通人做出不平凡的事情,任何团队都不能依靠天才。只有设法调动每个人的积极性和高度的参与热情,才能使每个人发挥出比他个人的才能大得多的能力。当全体成员都能为团队的发展毫无保留地奉献力量,整合自己的技能并充分发挥出来时,一种和谐的团队文化便产生了。

要使团队成员尽心尽力地工作,首要的一点就是对每一位员工给予"人性的尊重"。管理者要时时刻刻提醒自己:你面对的是受过良好教育,具有更多技能、更多信息的员工;应尽量满足员工对工作的期待,尊重每一个人的职责范围;以尊重人性的方式批评和表扬员工;应邀请员工共同参与制订计划,要让员工知道他所承担的工作是重要的,团队为他的存在而感到自豪。要始终牢记:当一个人受到尊重,被充分肯定、被赏识、被信任时,他会用自己的最大努力去完成自己的那份工作,无限忠诚地对待事业。因此,管理者应以一种尊重、关心、爱护甚至是感激之情对待员工,才会创造出和谐的团队,员工对团队的忠诚感、使命感与归属感也就由此而生。

4. 注重团队的学习

当今时代是急剧变革的时代,科技发展日新月异,信息量、知识量快速增长。适应这种快速变化的环境的唯一方法就是不断补充新知识,学习新的观念和思维模式。壳牌石油公司企划部主任德格说:"唯一持久的竞争优势,或许是你具备比竞争对手学习得更快的能力。"一个团队只有通过不断学习,加强和外界信息交流的深度和广度才能立于不败之地。学习是变革的原动力,适应未来发展的团队应是"学习型组织"。

课后练习

1. 请简单介绍马斯洛需求层次理论。

2. 一家企业的经理在全体员工大会上讲人才的重要性。第一句话是:企业之间的竞争关键是人才的竞争,企业的"企"字就是"人"字当头,如果去掉这个"人"字,下面就是一个"止"字,"企业"就变成"止业"。第二句话是:企业现有员工的素质已经远远不能满足企业发展的需要。这虽然是事实,但坐在下面的员工就会觉得不舒服。第三句话是:因此企业要继续花大力气做好引进人才的工作。这句话一说出来就有员工会想,我在这里辛辛苦苦干了这么多年,没想到企业给我这样的待遇;还有员工会认为,既然要从外面引进人才,我就没有必要留在这家企业了。所以这个会开完以后,原来的一些骨干就开始写辞职报告。

讨论:

(1) 该企业的经理讲的观点正确吗?

(2) 团队中的各要素之间如何优化协调?

模块二 沟通篇

第四章 沟通概述

★导学案例

小贾是公司销售部的一名员工,为人比较随和,不喜争执,和同事的关系处得都比较好。但是,前一段时间,不知道为什么,同一部门的小李却处处和他过不去,有时候还故意在别人面前指桑骂槐,对跟他合作的工作任务也都有意让小贾做得多,甚至还抢了小贾的好几个老客户。

起初,小贾觉得都是同事,没什么大不了的,忍一忍就算了。但是,看到小李如此嚣张,小贾一气之下,告到了经理那儿。经理没有多做调查就把小李批评了一通。从此,小贾和小李成了绝对的冤家。

无论在生活中,还是在工作中,我们每天都会面临许多烦恼和问题,而这其中相当大的一部分是因为沟通不畅造成的。

可是,沟通不就是说话吗?有什么难的?和他沟通怎么就那么费劲?那么简单的问题我已经讲得很明白了,可为什么他还是一脸没听明白的傻样子?我该怎么告诉他这件事?我该怎么让他明白我的意思?……

语言是人与人沟通最常用的形式,会说话并不等于沟通能力就好,会说话不等于可以与人进行良好的沟通。通过本章的学习要知道沟通的一般原理、影响沟通的因素、沟通的基本原则以及掌握如何与人有效沟通的技巧。

★学前问题

1. 沟通的内涵是什么?沟通的重要性有哪些?
2. 有效沟通的条件和形式有哪些?
3. 如何改正自己的沟通缺陷,提高自己的沟通能力,最终实现有效沟通?

第一节 沟通的一般原理

一、沟通的定义及特征

沟通的定义一直以来都是众说纷纭，据不完全统计，已经有150多种说法。美国著名传播学家施拉姆认为，沟通是传者与受者对信息的分享；美国学者露西和彼得森则认为，沟通是人与人之间相互影响的全过程；而霍本认为，沟通是用言语交流思想；还有美国学者贝雷尔森认为，沟通是大众传媒或者人与人之间符号的传送。

上述几种观点基本上概括了沟通的本质和主要特征。编者认为，沟通就是信息发出者与信息接收者之间通过约定的符号传递信息、接收信息并给出相应反馈的过程。

由此，沟通的特征可归纳为以下三点。

1. 沟通具有双向性

沟通过程中有着信息的发出者和接收者，在沟通的过程中信息发出者发出信息，接收者接收信息并在接到信息之后再对信息发出者予以反馈，且反馈也是以符号的形式给出的，而之前的信息发出者在接到信息接收者给出的符号之后再做反馈或者沟通结束。在这个过程中，信息发出者与信息接收者之间一直存在信息交换或者符号流动，发出者与接收者的角色不断地相互转换，所以沟通是双向的。

2. 沟通依赖于符号

沟通实现的信息传输依赖于符号。这里所说的符号是"约定"好的，即信息沟通的符号是人们在长期交往过程中所共同遵循的，有着特定含义，且能被人理解。符号既可以是声音，也可以是动作、表情、文字、图像等。

3. 沟通信息要能被正确理解

沟通中的信息符号不但要能传递，还要能被充分理解。如交警在指挥交通时做出的手势，当交通参与者看到交警的手势时就会采取相应的行为。

沟通必然包含信息发出和信息反馈两个过程，只是有时信息反馈是隐形的，并不是通过很明确的符号来表示的。例如，王老师在历史系的QQ群里发出通知：今天下午两点历史系所有党员同学在第三教学楼201教室开会。到下午两点，王老师到达的时候发现历史系所有党员同学都已经在201教室了。在这个沟通过程中，王老师通过通知的形式发出信息，而历史系的党员同学接收到信息之后通过准时参会这一行动对于王老师发出的信息做出了反馈。

沟通过程中最为关键的就是正确理解信息发出者发出的信息。正确理解信息实际上就是大脑对接收到的符号正确解码，并将之转换为能被接收者所理解的信息。沟通所传递的信息不仅是知识，还附加传送者的情感、态度、价值观等。

二、沟通的重要性

沟通能力在现代社会越来越重要，人们喜欢与沟通能力强的人打交道，因为他们待人有礼，说话得体，能听懂人们想要表达的意思并能给予正确、高效的反馈，迅速达成沟通目的。有资料显示，在职场招聘过程中，招聘方更多看中的是应聘者的沟通能力和团队合作能力，其次才是专业能力和其他相关能力。人际关系是通过人际沟通完成的，因此，有人说，人际沟通就是生产力。

和平与发展是当今世界的两大主题。在这种情况下，战争、暴力与冲突明显减少，但这并不意味着人类进入了大同社会，没有了利益纠葛与纷争，国与国之间、地区与地区之间、地区与个人之间，利益纷争依然存在，只是更多采取了沟通、对话等形式来解决问题。随着教育事业的发展，人类文明程度的提升，人们对于文化、团体、个人之间的宽容性增强，沟通的原动力已经由劝导和改变转化为理解和谈判。

★ 案例 4-1

在一个偏僻的小山村里，住着一对老夫妇。老婆婆十七八岁时从外村嫁到老公公家，两口子相敬如宾，平静地生活。老婆婆一直遵守着中国妇女的传统美德，一心一意服侍丈夫。

农家人做饭烧的是大柴灶，烧出的米饭总是贴着锅边的一圈很硬，叫"饭焦"，中心部分很软，叫"软饭"。老婆婆自从嫁给老公公的第一天起，总是把第一碗"软饭"盛给丈夫，而自己却吃硬硬的"饭焦"。

这个习惯一天也没有改变过。岁月日复一日、年复一年地过去了，孩子们也长大了，纷纷离开家到外面更广阔的天地去谋生，而当初年轻的小夫妻，这时也成了白发苍苍的老人。

有一天，老婆婆又拿碗给老公公盛"软饭"，突然，一个念头冒了出来："凭什么这么多年我要吃'饭焦'，而他要吃'软饭'？自从我嫁给他到现在，我根本就不知道'软饭'到底是什么滋味！想必一定比'饭焦'好吃吧，今天我非要亲口尝尝不可！"

于是，老婆婆把"软饭"放在自己面前，而给老公公盛了一碗"饭焦"。老公公看着这碗"饭焦"直发愣，老婆婆不无怨愤地对丈夫说："凭什么这几十年来我总是把好吃的、嫩嫩的'软饭'给你吃，而你从来没有说过一句谦让的话，今天我也要尝尝！"

可是，他没有想到，老公公听了这话突然老泪纵横："孩子他娘，我们下力气做农活的人从小就爱吃这口'饭焦'，可是自从你嫁给我之后，每次都给我盛'软饭'，我还以为你也爱吃'饭焦'呢，所以这么多年一直忍着没有告诉你。今天，你终于给我盛了一碗'饭焦'，真别提多高兴了，没想到……"

★ 案例 4-2

小梅和几位新人一起到一家大公司，第一天是报到，由人力资源部集中进行岗前培训，讲企业概况、企业文化、行为规范。第二天就正式到科室上班，小梅想着要给人一个好印象，来得特别早，她走进写字楼电梯，刚转过身，就见一位气宇轩昂的中年男子走了过来，小梅马上按住了延迟关门按钮，那男子礼节性地朝她微一点头，就进了电梯厢。小梅本能地向一边让让，男子进来后，也转了个身，两人就这么面向电梯厢门并排站着。小梅觉得这人还有点面熟，一回忆，哦，原来昨天培训正式开始前，人力资源部请了公司几位高管和新人见面，这位就是陈总经理。

时间还早，电梯只有他们两个人，小梅一下子零距离地和公司老总单独待在一个狭小的空间里，一个新员工，和层级相差如此大的领导单独在一起，这人还是异性，小梅一下就紧张得不知所措，手脚都不知怎么放。其实，陈总进来后一直没有再注意她，两人就这么默默地站着，小梅却觉得很尴尬。她所在的办公室在十一楼，总经理则在十二楼。电梯上升的那段时间里，小梅觉得时间过得如此之慢，简直能够听到自己的心跳！好不容易，到了十一楼，小梅几乎是冲出了电梯。

这一天的工作中，小梅都忐忑不安，感觉自己真笨，在领导面前表现得一点都不得体。同时也羡慕那些在任何场合面对任何人都能表现良好的人。

晚上，小梅和一位朋友谈了自己的感受，朋友给了她很好的建议。

过了几天，小梅略早一点来到写字楼，真巧，过了一会儿，陈总就准时出现在电梯口，两人又一起并肩站着。这次，小梅就先主动打招呼："陈总早！"陈总大约也知道她是新来的员工，礼节性地回一句："你也早。"

"哎，陈总，听说你也挺喜欢古典音乐的，广州大剧院昨晚那场音乐会你有去听吗？来了好多国内顶尖演员，演绎的都是名曲。"小梅一口气说下来，虽有点急，但总体还好。

"哦，我刚巧没空。"陈总露出了一点笑容。

"戴玉强演绎的'今夜无人入睡'可真棒……"

★ 案例 4-3

一位教授精心准备一个重要会议上的演讲，会议的规格之高、规模之大都是他平生第一次遇到的。全家都为教授的这一次露脸而激动，为此，老婆专门为他选购了一身西装。晚饭时，老婆问西装合身不，教授说上身很好，裤腿长了那么两厘米，倒是能穿，影响不大。

晚上教授早早就睡了。老妈却睡不着，琢磨着儿子这么隆重的演讲，西裤长了怎么能行，反正人老了也没瞌睡，就翻身下床，把西装的裤腿剪掉两厘米，缝好烫平，然后安心地入睡了。早上五点半，老婆睡醒了，因为家有大事，所以比往常起来得早些，想起老公西裤的事，心想时间还来得及，便拿来西裤又剪掉两厘米，缝好烫平，惬意地去做早餐了。一会儿，女儿也早早起床了，一看，妈妈的早餐还没有做好，就想起爸爸西裤的事情，寻思自己也能为爸爸做点事情了，便拿来西裤，再剪短两厘米，缝好烫平……

这条裤子还能不能穿？

三、沟通的过程

一个完整的沟通过程包括信息策划、信息编码、信息传输、信息解码、信息反馈和沟通干扰。

1. 信息策划

信息是沟通的基础。信息策划就是在大脑中形成清晰、完整、有条理、可被接收和理解的信息的过程。在这个过程中信息发出者先要对信息进行收集、整理和分析，产生一个要发送信息的雏形，接下来思考：怎么组织信息？信息传递给谁？怎么传递？如何保证所传递的信息会被接收到并被正确理解且做出所期望的反馈？

2. 信息编码

在此阶段，信息发出方将所要表达的信息按照一定的语法规则编排起来，进行编码。常见的编码是口头语言、书面语言等语言沟通形式和表情、手势、声调等非语言沟通形式。非语言沟通形式一定程度上能够弥补语言沟通形式的不足，增强沟通效果。但这并不是绝对的，有时非语言沟通形式反而会弱化甚至削弱语言沟通形式的效果，如言行不一，或者经常承诺却从来不见行动。

使用书面语言进行信息编码时，信息发送者自身语言表达能力的限制、文学修养的高低以及信息接收者的文化修养、阅读水平都会造成信息沟通的障碍。因此，选择哪种方式进行信息编码非常重要。人们需要选择最合适的或者最高效的、最优的沟通方式并按照所选择的沟通方式对信息进行相应的符号转换。

3. 信息传输

信息传输是指将已经完成编码的信息通过一定的传输媒介从一个主体传递到另一个主体。信息传输的方式很多，如电子邮件、信件、电话、短信息、微信、QQ、电报等都可以进行沟通信息的传输。

4. 信息解码

信息解码是指接收方接收到信息发出者发出的编码信息并对接收到的编码符号按照相应语法规则解码还原，将之还原为思想、情感或者态度等并用自己的思维方式加以理解。

信息解码包含两个层次：一是还原信息发出者的信息表达方式；二是对于信息真实含义的正确理解。其最典型的是电报，电报用特定的密码传输，发送者先将想要表达的内容翻译成电码，而收报人收到的也是电码，收到电码之后再对照密码对电码解译，解译成电报内容，这是解码过程，解码之后对电报内容进行理解。

5. 信息反馈

在接收并理解了信息发出者发出的信息之后，信息接收者需要通过语言或者行动给对方发出一个相应反馈，表明自己的思想、态度或者情感。

6. 沟通干扰

在沟通过程中，不可避免地会出现一些干扰因素，这些干扰因素会导致沟通在一定程度上出现失真，使沟通效果打折扣。这些因素可能来自沟通本身，也可能来自外部环境。如沟通者表达能力差、听者故意对沟通者或者其他听众人为地制造一些干扰、沟通场所的噪声、信息传输工具的故障等都会对沟通效果造成影响。

要想实现有效沟通，沟通者必须具备以下几个条件。

首先，具备较高的情商。通过近些年的观察研究发现，一个人成功与否，事业发展得是否顺利主要由情商决定。要想提升沟通能力实现有效沟通，首先要提高情商。

其次，具备良好的文化素养。文化素养高的人会具有一种良好的气质和亲和力，使得人愿意与之交流。社交礼仪的展现、言语表达技巧和处理问题恰到好处的"分寸"都是综合素质的体现。一个人内涵越丰富，他的言行越符合社交活动规律，沟通成功的概率也就越高。

最后，良好的语言表达能力是实现有效沟通的基础。语言表达能力的强弱对于实现有效沟通至关重要。语言表达能力强则用相对简短的语句，准确地将所要传递的信息编码通过一定方式传输给接收者，且传输信息要能够被接收者正确接收、解码、理解和反馈。言语结巴、口齿不清、发音不准、语感不强、词不达意、内容单调乏味，没有抑扬顿挫和轻重缓急、语言缺乏感染力和吸引力等都是语言表达能力欠佳的表现。有效的沟通必须条理清晰、逻辑清楚、层次分明、语言有感染力、生动形象。

★ 案例 4-4

一个秀才去买柴，他对卖柴的人说："荷薪者过来！"卖柴的人听不懂"荷薪者"（担柴的人）三个字，但是听得懂"过来"两个字，于是把柴担到秀才前面。

秀才问他："其价如何？"卖柴的人听不太懂这句话，但是听得懂"价"这个字，于是就告诉秀才价钱。

秀才接着说："外实而内虚，烟多而焰少，请损之。（你的木材外表是干的，里头却是湿的，燃烧起来，会浓烟多而火焰小，请减些价钱吧。）"卖柴的人因为听不懂秀才的话，于是担着柴就走了。

上述案例中秀才与卖柴人沟通失败不是因为秀才语言表达能力差，而是因为他没有考虑听者的理解力。

第二节　沟通的目标、原则及基本内容

一、沟通的目标

在不同的沟通活动中具体的沟通目标是不同的，如传递、说明、教育、娱乐、解释、劝导、宣传、号召等。沟通的目标按照沟通层次不同分为传递、理解、接受和行动。

1. 传递

传递即信息发出者采用恰当的方式将信息传达到特定的人或组织。恰当的方式既可以采用有声语言，也可以是辅助语言或者书面语言，甚至表情、动作等。信息传达到了即可视为达到沟通目的，一般而言不需要信息接收者做出很明确的言语反馈。

2. 理解

理解即要求信息的接收者能够深入明白所传递信息的性质、含意、用途及影响，并能够就接收到的信息做出信息发出者所期待的行为或者采取相应行动。

3. 接受

接受即信息受众在明白了所传递信息的性质、含意、用途和影响的基础上，认同、同意和接纳信息的内容。

4. 行动

行动即信息受众在认同、接纳了信息内容之后，就信息内容做出的反馈，既可以通过语言来反馈，也可以通过采取某种实际行为来反馈，所采取的行动或者行为都是对信息发出者信息内容的回应。

二、沟通的原则

为实现有效沟通，在沟通过程中必须遵循一定的原则，包括相互尊重原则，真诚原则，清晰、简明原则，准确、完整原则，互动原则和赞美原则。

1. 相互尊重原则

相互尊重原则指的是沟通双方对彼此的尊重。尊重对方的人格、尊重对方的话语权、尊

重对方的不同观点、尊重对方的宗教信仰、风俗习惯、生活方式等。对于说者而言要尊重听众有不同观点的存在和发表；对于听者而言要尊重说者，不要在说者说话时随意打断或者做出一些影响说者和其他听众的行为。

★ 案例4-5

老李是公司的老员工，一直以来工作都很勤谨。有一天，老李看到公司出台的一项新规定，大家都觉得这项规定对老员工不公平，老李也觉得是。于是老李怒气冲冲地去经理办公室找总经理反映情况。他去了之后总经理不在，办公室的秘书面带微笑地请老李坐下，为老李泡好茶水，送上水果，送过来还问他热不热，需不需要开空调？老李很诧异，他认为秘书小姐认错人了便告诉秘书小姐，"我是老李"。秘书小姐笑着说："没错，知道您是老李。总经理现在有事，不过他一直说公司的发展离不开你们这些老员工的辛勤努力，你们是公司的功臣，你们来了要当贵宾招待。"老李听了，心里的火气消了一大半。

过了一会儿，总经理回来了，进了办公室他就笑着朝老李走来并主动和老李握手问好。老李心中觉得自己有些小题大做了，公司的规定又不是针对自己一个人。于是他转身就要走，被总经理叫住了，总经理说："老李，难得来我这儿坐一次，是我对你们这些元老功臣关心不够，我先检讨了，老李啊，最近身体怎么样？有什么困难吗？"老李说："没事的，我身体好着呢，也没啥事，就是过来看看您，工作那么忙，您一定要注意身体。"说完就离开了。

在上面这个案例中，老李本来是来兴师问罪的，结果秘书小姐和总经理对老李的尊重成功地化解了此次事件。试想如果总经理和秘书小姐因为老李是一名普通员工而不予尊重，不理不睬，这次事件又会是什么样的结果？

2. 真诚原则

真诚原则是指沟通的双方态度真诚、沟通内容真实。在此基础上进行沟通，让对方感受到彼此的诚意，接下来的沟通会事半功倍。

★ 案例4-6

20世纪30年代初正是西方经济大萧条时期。一个女孩很不容易地找到了一份工作，在一家珠宝商店做销售员。一个早晨，她在打扫卫生时，不小心撞翻了首饰盒，6枚戒指只找回了5枚。这时他发现有位男青年步履匆匆地向门口走去，直觉告诉她就是这位男青年拿了那枚戒指。于是她赶上去叫住了他，很真诚地说："您知道现在工作很难找，这是我的第一份工作，家里还有母亲等我赡养。"男青年顿了一下，跟她握了一下手（戒指在手中），说："祝你好运！"

★ 案例4-7

小李20岁从技校毕业后就在一家机械厂做推销员。他十分珍惜这份工作，工作很认真，半年时间就和30多名客户做成了生意。之后，他发现自家卖出的设备比别家卖出的性能相同的同类设备价高。他很不安，他在想客户如果知道了会不会对他的信用产生怀疑。于是他逐家去拜访客户，老老实实说明情况，并承诺以后优惠价格交易，如果客户不满,也可解除合同。他的真诚态度让客户们很受感动,没有一个人毁约。小李的客户不仅没有减少,反而越来越多。

3. 清晰、简明原则

清晰是指信息的结构完整、条理清晰、顺序有效,能够被信息接收者所接受。简明则是指传递同样多的信息要用尽可能少的信息载体,不啰唆、累赘,这样更加便于听者理解和记忆并达成沟通效果。

4. 准确、完整原则

准确首先是指信息发出者头脑中的信息要正确,其次在信息的表达上也要正确,不要出现歧义。完整首先是指发出的信息符合信息发出者的目的,要涵盖其想要表达的所有意思;其次,是指被接收到的信息是完整的,包括信息发出者发出信息内容的全部意思。

5. 互动原则

沟通是一个双向的不断互动的过程,在互动的过程中沟通各方共同参与。沟通是有传递、有反馈、有意见的交流,在互动中达成共识。因此,有效沟通必须是有沟通各方的互动。共享说话的权利是互动的前提,不能一个人不停地说而使听众永远是被动接收信息的一方。在众人聚会的场合讲话尽可能用"你"做每个句子的开头,抓住听者的注意并得到其他人的正面回应。

6. 赞美原则

威廉·詹姆斯说,"人性中最深切的禀质,是被人赏识的渴望"。在与人沟通时,要学会去赞美别人,给别人的赞美和鼓励会为自己赢得好感与友谊。通过赞美和鼓励,人们会获得满足感并拉近彼此的距离,为之后的沟通打下良好的基础。

赞美与鼓励的目的是帮助别人发现自身价值,获得成就感,它不同于献媚与讨好。有效的赞美应当注意以下几点。

(1)赞美要真诚、自然。赞美别人的本质目的是帮助别人发现自身价值和成就感,而不是吹捧别人,因此无论是公开赞美还是委婉含蓄地赞美,都应当把握好"度",让自己的话语显得真诚,而不要矫揉造作、夸大其词。

(2)赞美要找准时机。说话要得体,要注意场合,赞美也是,一定要选择最恰当的时机,否则会起到相反的效果。

(3)赞美别人的得意之处。赞美别人也需要一双"慧眼",要通过用心观察,揣摩别人的心思,力争赞美到别人的心坎里,只有这样的赞美才是最佳的赞美。

★ 案例 4-8

一个刚入职的娱乐记者被安排要对某位明星做一个专访。她很紧张,所以她在采访之前做了大量的准备。采访开始,和明星简单寒暄之后,她说:"×哥,要说这娱乐圈里演技好的人多了去了,可是这演技好、人品好还顾家疼老婆的不多。我们有好多女生都羡慕您的太太有福气能嫁给您这么一位好男人,不但疼她还烧得一手好菜。您可是我们大多数女生心目中的好男人啊!"一席话说的这位明星很高兴,采访在轻松、友好的氛围中进行,这位新入职的娱乐记者圆满完成了第一次工作任务。

(4)巧借他人之语来赞美。有时去赞美别人会引起别人的怀疑"她/他到底想要做什么?""她/他是不是有求于我才这么说?"这时,不妨借助他人之语来表达。通常人们都很在意别人在背后对自己的评价。

★ 案例 4-9

晚上9点半,张教授接到了单位同事小王的电话。他心里很不高兴,因为上了年纪,休息得早,这个电话打过来时他正准备休息。他接通电话一声不吭听对方讲。对面小王说:"张教授,非常抱歉这么晚打扰您。我们现在迎接教育部教学评估准备的材料里面有几个关键问题想找人核对一些信息。您是我们全校公认的这方面的专家,就连旁边××大学都知道我们学校的张教授是这方面的权威。我们这是找您老帮我们指点迷津,仙人指路来了……"一席话听得张教授很高兴,连声说:"没事,应该的。"不但回答了问题,提出了建议,而且还主动表示可以约时间帮着他们看看准备的材料。

(5) 试着多在背后赞美别人。当面夸奖赞美固然会赢得对方的欢迎,但是有时会被对方怀疑我们的动机,所以不妨试试在背后赞美别人。通过"第三人"将对某人的赞美与欣赏传递到某人的耳朵里比自己当面去赞美要好得多,而且,即使在背后赞美别人传不到被赞美者的耳朵,"第三人"也会觉得你人品不错,有修养,至少不会在背后诋毁人。

除了语言上的赞美之外,一个友好的微笑、赞美的眼神,一个夸奖的手势和鼓励的掌声也会收到很好的效果。

★ 案例 4-10

张宁最近有些低落,她觉得辅导员老师好像是在刁难自己。于是,她把自己的想法告诉了同寝室的朋友赵丹。赵丹也是班上的团支书,她说:"哪有的事,你想多了。昨天王老师还和我说班上有几个同学很不错,特别是张宁,上学期成绩上升特别快,学习上应该是下了功夫,希望她再努力一点能拿到奖学金就会更好。"张宁听了之后所有的郁闷一扫而光。

三、沟通的基本内容

有效沟通的基本内容可以概括为以下几个方面:何因、何人、何事、何地、何时、如何。

1. 何因

何因即沟通的目标、目的。沟通的目标是沟通活动的灵魂。整个沟通活动必须围绕沟通目标进行。沟通目标不明确,整个沟通过程就会事倍功半甚至南辕北辙。

确定沟通目标是一件很重要也很困难的事。确定沟通目标必须要弄清楚双方的底线,包括沟通理解能力、沟通意愿、沟通态度以及行动能力。

2. 何人

何人即沟通活动的参与者,包括信息发出者和信息接收者。没有沟通活动的参与者,沟通活动就不存在。同样的信息、沟通方法和过程由不同的人对同一个沟通对象来沟通,结果是不一样的。同样的信息、沟通方法和过程由同一个人对不同的沟通对象来沟通,结果也是不一样的。在整个沟通活动中,沟通活动的参与者的表达能力、所选择的信息传递方式以及接收者的接受能力等都很大程度上决定着沟通能否成功实现目的。实际上沟通效果达到与否的标准不是信息在多大程度上被准确无误地传递，而是信息接收者的最终接受和理解程度。

3. 何事

何事即沟通活动的主题，是沟通活动的核心话题。主题是串起所有信息的线索。长时间的沟通，如听讲座或者报告时，听众很容易走神。这时如果主题明确，听众就会比较容易地将听到的前后信息联系起来。例如，今年全国有很多学生受到"校园贷"的伤害，辅导员王老师觉得这个问题值得重视，因此查阅了大量相关资料，召集学生，专门给学生开展主题班会，主题就是"防止掉入校园贷陷阱"。班会所讲的一系列案例、理论等都是围绕"防止掉入校园贷陷阱"这个主题来展开，层次很明确，学生很容易就知道了"校园贷陷阱"的危害，增强了安全意识，达到了沟通目标。

4. 何地

何地指的是沟通活动发生的空间范围，包括地理区域、特定场所和室内布置等。大的地理区域往往有着不同的文化背景和区域特征。例如，在德国与人沟通，就要注意德国人做事严谨的特征，在工作上不要与他们开玩笑；而在法国或者美国则可以适当地进行一些调侃等。

特定的场所经常暗示着沟通者的身份和地位。室内布局、陈设也会对沟通双方心理产生很大影响。例如，很多领导都会选择很大的办公桌且在上面摆设国旗、党旗，以此来强调自己的领导身份，无形中宣示了自己在下属面前的权威性。

很多骗子也会利用某些特定场合或谈话地点和室内陈设来暗示自己的特殊背景或者关系。例如，新闻报道有骗子曾冒充军队领导，声称可以让孩子入伍后快速提干。他在五星级酒店租了房间，穿着将官军装，在房间的书桌上摆上军旗和国旗的台饰，在墙上挂上伪造的自己被中央领导接见的照片，以此向多名农村青年的家长诈骗几百万元。

5. 何时

何时即沟通活动发生的时间。时间对于沟通效果的影响是非常大的、多方面的。时间对沟通效果的影响需要注意以下几个方面。

（1）注意不同时间段与人沟通效果的影响。试想一下，深夜两点给朋友打电话问朋友上次聚会结束时是谁买的单，会被朋友怎样对待？再试想一下，如果这个沟通是发生在晚上8点又会是怎样的一个结果？

（2）注意时间的长度对沟通效果的影响。一次非常重要的、做了很长一段时间的大量前期准备的、很多人参与的谈判，结果刚开始不到5分钟就谈完了会让人觉得怎么样？一个简单的小事情开会讲了2小时又会怎么样？

（3）注意时间观念不同对沟通效果的影响。不同国家和地区的人有着不同的时间观念，如德国人一向守时，强调准时准点，最好略有提前，而日本则认为守时是提前5分钟。非洲和中东大部分国家对待时间态度比较松散，与他们合作最大的问题就是他们不守时。试想一下，约好了上午10点会谈，一方9点55就到达会谈地点，结果直到下午2点对方才姗姗来迟，等的怒气冲冲的一方与对于迟到满不在乎的一方之间的会谈效果会怎样？

6. 如何

如何即实现沟通目标的方式、手段。要达到沟通目标，在信息策划阶段就需要考虑以下几个因素。

首先，选择何种方式表现信息，信息表现方式主要包括文字、图片、影像资料、身体语言、符号、模型等。例如，教师在备课阶段就要根据教学内容等来思考为了达成教学目标，选用何种教具，是否需要以及需要哪些视频/音频资料，教学PPT需要选用哪些图片，呈现哪些文字等。

其次，使用何种沟通媒介。沟通媒介主要分为口头和书面两类。口头形式包括面对面沟通、远距离语音沟通、远程视频沟通等；书面形式则包括信件、备忘录、通知和电子邮件等。

再次，沟通场所的设计、布置以及沟通的基调。依据沟通活动想要达成的目的、沟通活动的参与人数、沟通活动对象的基本情况、拟采用的沟通方式等来确定沟通场所的设计与布置。

最后，沟通时间的选择。不同主题、不同沟通对象在时间选择上必然不同。

第三节　沟通的形式

依据分类标准的不同，可以将沟通分为多种形式。

按照沟通是否需要依赖媒体，将沟通分为直接沟通和间接沟通。直接沟通是指人类利用自身条件在不需要其他媒介参与的情况下进行的沟通，如面对面的谈话、上课等。间接沟通是指除了依靠传统的语言、文字之外，还需要电话、电报、信件等媒介的沟通，如距离较远的两个人通过信件、电话、电子邮件、QQ/微信等进行交流。

依据所使用的符号形式，将沟通分为语言沟通和非语言沟通。沟通者借助语言符号的形式向接收者发送信息的行为称为语言沟通。语言分为两种，一种是在人类社会、发展的过程中形成的、有着具体的语法规则的语言；另一种是在社会交往过程中形成的、有规律的且为大家所理解的语言。前者分为口头语言和书面语言。口头语言用口语来进行信息传递，如讲话、演讲、打电话等。而书面语言则通过文字的形式进行语言的传递，如通知、布告、写字条、E-mail等。沟通者以非语言符号的形式将信息传递给接收者的沟通行为称为非语言沟通。它以表情、动作等为沟通手段来实现信息交流。面部表情、眼神、站姿、坐姿、步态、距离、气质、外形、衣着等都是非语言符号，是非语言沟通的沟通工具。

按照沟通的组织形式，将沟通分为正式沟通和非正式沟通。正式沟通是一定的组织机构依照一定的程序或渠道进行信息的传递，如商务/政治谈判、上级部门对下属部门发布通知、下达批示、下级向上级呈报材料、汇报工作等。较正式沟通而言，非正式沟通的发生更加随意，无固定场合时间和程序，是以个人身份进行的信息交流，如偶遇短暂闲聊、议论某人某事、传递小道消息、私下交换意见等都属于非正式沟通。

正式沟通与非正式沟通的区别还在于正式沟通是组织行为，周期很长，比较严肃，一旦进行正式沟通，就要为所传递的信息负责。非正式沟通则周期较短，更加随意，信息传递后，信息发出者为自己所传递的信息只承担有限责任甚至不用承担责任。

拓展阅读

道德的沟通

　　道德的沟通是诚实、令人满意和考虑他人权利的沟通。当沟通者讲述真相时，沟通是诚实的；当沟通者考虑对方的感情时，沟通是诚实的，是令人满意和为他人着想的。然而，有时诚实和令人满意是相互矛盾的。如有朋友向你展示他的新车时说："它很漂亮吧？"即使你认为不漂亮也不应该告诉他。我们称之为"善意的谎言"，即一方不伤害另一方的感情。因为这不是重要的问题，从道德上讲它是能够被理解的。

　　……

　　在其他领域，考虑到他人的感情也是重要的。你的话有可能让别人窘迫吗？取笑某人和将某个人的故事当笑话传播经常令人窘迫。孩子和青年人容易变得窘迫，所以对他们要特别谨慎。

　　引起他人痛苦的话在道德上应受到谴责。在人际交往中批评是重要的，但在使用它之前先考虑仔细。

　　……

　　有人认为很多伤害他人或者出现不礼貌的沟通是因为没有考虑到词语的含义。如果在说话之前考虑清楚并询问自己是否诚实和照顾到他人的感情，道德沟通的机会会更好。

　　——来源：（美）桑德拉·黑贝尔斯（Saundra Hybels），（美）理查德·威沃尔二世（Richard Weaver2）．有效沟通（第5版）（p20～p21）

课后练习

　　1. 请同学们以小组为单位，分别进行自我介绍、家乡介绍，或对某一话题进行阐述，再进行相互点评和集体讨论，分析每个人在沟通中的优点与不足。

　　2. 用现代沟通理念来解释如下历史事件：

邹忌讽齐王纳谏；扁鹊见蔡桓公；触龙说赵太后。

　　（1）以上三个事件中的人物，他们的沟通目标达到了吗？

　　（2）用我们所学的现代沟通理念解析他们为什么能够达到或者没有达到自己的沟通目标？

　　（3）角色扮演，如果你是扁鹊，怎么说服蔡桓公接受治疗？

第五章

倾听的艺术

★ 导学案例

进入职场之前,家人和朋友对我的评价大致可以总结为"人见人爱,花见花开"。什么意思呢?就是说我善于沟通与交流,很快就能获得对方的信任和好感。因此我心怀梦想,满腔自信地进入了教育咨询业,想象中咨询不就是我最擅长的嘛。可是凭着我惯用的亲和力与沟通技巧来从事咨询工作时,才沮丧地发现收效甚微,沟通效果竟从"八月桂花遍地开"变成了"铁树开花水倒流"。

公司的王伯庆老师常讲,管理主要是"盯",服务主要是"听"。作为公司的"窗口",我的工作每天都围绕着两个字进行——"听""说"。每次部门总监交代给我日常工作任务时,我都会仔细记录她话语中的要点,而后机械地照搬她的指令来操作,倒也从没出过什么差池。但有一次,在处理一项比较特殊和复杂的咨询工作时,我对此项业务不太熟悉,就先去征求总监的意见。她一边说,我一边飞快地记在笔记本里,然后就生搬硬套地逐句念给了之前询问我的高校老师。想不到的是,这位老师非常认真,又对我们项目的具体细则和实施方法进行了进一步询问,甚至提出了几点质疑。各种从未遇到过的问题接踵而至,使得我张口结舌,束手无策,只得挂了电话,再去寻求总监的指点与帮助。这时总监停下手中的工作,严肃地问:"之前我交代的要点你真的听懂了吗?那你给我复述一遍。"在我缺乏底气、结结巴巴地复述之后,发现自己的理解和她的本意是有着明显差别的。这让我感觉很挫败,从未质疑过自己的理解和沟通能力,却出现了这样的失误,到底是哪里出了问题?

麦可思为高校评价培养质量时,评价了毕业生的35项基本工作能力,其中有一项为"积极聆听"(Active Listening)。"积极聆听"的定义是"聚精会神倾听,花时间理解要点,适当地提出问题,不在不恰当的时候打断对方讲话"(Giving full attention to what other people are saying, taking time to understand the points being made, asking questions as appropriate and not interrupting at inappropriate times)。

对照此次的沟通问题,我才意识到在整个交流的过程中,自己并未积极去聆听对方的意图，没有主动去思考并表达自己的理解或是提出疑问，而仅仅被动地去接受和记录细节要求，当然难以灵活应对各种突发状况了。

发现问题所在后，我与同事、高校的交流过程中始终保持多听少记、在复述确认后再记录的工作习惯。一段时间之后惊喜地发现，不仅没有再出现之前的问题，自己思路也开阔了很多，很多事情都真正做到了举一反三。这让我再一次意识到"听懂"的本质：就是要在与他人的交流中全力聆听，思考对方的真实需求，提出问题以帮助自己理解对方的表述，归纳自己的理解以确认理解无误。

与其责怪大学毕业生在工作后不能领会别人的意图，倒不如期待高校在课程设置与教学培养环节加强对学生聆听与交流能力的培养。在这个"处处有听说，事事需沟通"的年代，使大学毕业生在职场都能够做到"真听懂了"。

——来源：http://xn.hr1000.com/Article/2011/23524.html

★学前问题

1. 你觉得倾听重要吗？为什么？
2. 我们在倾听时经常会出现哪些问题？
3. 你认为倾听分为几个层次？
4. 你知道哪些有效倾听的技巧？你会在交际中运用这些倾听技巧吗？

第一节 倾听是沟通的一半

沟通过程包括信息的发出——信息的接收——信息的反馈三个步骤。信息的接收是极为重要的一步，在这一步不仅要接收信息还要准确地对接收到的信息进行解码破译，是沟通能否达成目的的关键。人类信息传递采用最多、最广的方式即通过有声语言来进行信息的传递，而有声语言信息的接收则需要通过倾听来完成。通过接收器官接收信息，在此基础上正确进行信息解码，听者才能对信息发出者给出正确、有效的信息反馈。

有人认为，在人际沟通中口才很重要，良好的口才会为自己的成功加分，因此拼命锻炼口才，殊不知口才好、"会说话"并不等于在人际交往中会成为一个沟通高手。夸夸其谈、喋喋不休反而会使人心生厌恶，不愿与之交流。而一个懂得尊重他人的好的倾听者会赢得人们的好感，使得人们愿意与之沟通交流。人际沟通既要能够有效地表现自我，还要突出他人。倾听与诉说同样重要。

★案例5-1

奥普拉·温弗瑞被称为美国的"脱口秀女王"。1976年，22岁的奥普拉成为巴尔的摩最年轻的主持人。然而因为性格细腻，播报一些新闻时往往会感情用事，忍不住流泪，故而被认为不具备新闻工作者的基本素质。9个月后奥普拉不得不黯然离职。离职后不久，芝加哥广播公司WLS电视台负责人丹尼斯看到了她的潜质，雇用她来主持当时收视率最低的早间脱口秀节目《芝加哥早晨》。然而恰恰是这一个安排成就了奥普拉，她的节目收视率连连上升，第二年正式更名为《奥普拉·温弗瑞脱口秀》，风靡全美，并向全球输出。此后，奥普拉的事业更是获得了一系列的成功。

在奥普拉主持的节目上，人们看到过迈克尔·杰克逊讲述自己小时候对父亲的恐惧以及对于皮肤病的苦恼；看到过汤姆·克鲁斯向女友示爱；看到过惠特尼袒露自己从吸毒成瘾到戒毒的心路历程；看到过"坏小子"西恩潘讲述自己与麦当娜的失败婚姻……许许多多的明星都曾在她的节目中出现，他们愿意上奥普拉的节目，除了奥普拉出众的语言能力之外，更因为他们认为奥普拉更是一个出色的倾听者。她总会让人觉得被尊重，她在用心倾听别人的讲话，她会因为别人的苦难而悲伤，因为别人的快乐而快乐，她从来不会贸然打断别人的谈话。

其实，沟通最难的部分并不在于如何将自己的意见、想法表达出来，而在于如何听懂别人的心声。人们需要用心去听，听出对方的弦外之音，听懂对方真正想要表达的意思。例如，在生活中，孩子为了获取父母的注意会不停地说，而且所说的经常是一些无意义的话，父母听着会很烦，可是父母真的听懂了孩子要说的是什么吗？事实上，他们想要表达实质的就是"妈妈/爸爸，我想你们陪我"。

在交流沟通时，每个人都想将自己想要传递的信息传递出去，期望看到自己想要的结果出现，但沟通是一个信息交互的过程，每个人都只是忙着表达自己的观点，期待有利于自己的结果出现而不接收别人的信息，沟通怎么实现？这样的沟通显然不能达到自己的目的。

在沟通过程中，人们主动或者被动地接收有用或者无用的信息，大脑对于所接收到的信息进行解码和筛选，选出认为有用的或者重要的信息留下并被接收者理解，成为信息接收者获取信息的重要渠道。事实上，很多事业上能够取得成功的人，不是他们的天赋比别人高，而是这些人都是生活中的有心人，善于倾听，在倾听别人讲话的过程中获取了有用信息，抓住了机遇。

★案例5-2

"打工女皇"吴士宏在IBM最初只是一名普通的勤杂工，要为公司的每一个人服务。不甘平庸的她一直在寻找机会。1986年的一天，吴士宏在会议室桌子下面贴标签的时候听到一群刚招聘进来的年轻大学生在讨论接下来要进行的专业人员面试。吴士宏并没有出来，坐在桌子下面听他们讲，听着听着她觉得自己一直在寻找的机会到来了，于是她去找负责此事的培训部经理。培训部经理被她的精神打动了，破例给了她一个机会。这也成了吴士宏的命运拐点，从此之后少了一个IBM的勤杂工吴士宏，多了一个后来被称为"打工女皇"的吴士宏。

在沟通过程中，沟通双方发出自己的信息，接收对方所发出的信息，理解对方的意思并反馈给对方自己的想法，在这个动态的循环过程中，增进了彼此的了解，最终知己知彼，有助于沟通目的的达成。

倾听能够实现更高层次的沟通——心灵沟通。现代社会飞速发展，每个人的压力都很大，我们都有爱与被爱的需要，特别是我们都需要被人重视、被人尊重、被人肯定、被人赏识。了解与关心一个人最佳的方式就是面对面交谈，用心去听他们的心里话，让他们感受到自己是被重视的、被尊重的、被人赏识和被人认可的。

★ 案例 5-3

某年圣诞节，一个美国男人为了和家人团聚，兴冲冲地从异地乘飞机回家，一路上都在幻想着团聚的喜悦情景。然而不巧，这架飞机在空中遭遇猛烈的暴风雨，飞机脱离航线，上下左右颠簸，随时随地有坠毁的可能，空姐也吓得脸色煞白，惊恐万状地吩咐乘客们写好遗嘱放进一个特制的口袋里。这时，飞机上所有人都在祈祷，就在这万分危急的时刻，飞机在驾驶员的冷静驾驶下终于平安着陆，于是大家都松了口气。

这个美国男人回到家后异常兴奋，不停地向妻子描述在飞机上遇到的险情，并且满屋子转着、叫着、喊着……然而，他的妻子正和孩子兴致勃勃分享着节日的愉悦，对他经历的惊险没有丝毫兴趣，男人叫喊了一阵，却发现没有人听他倾诉，他死里逃生的巨大喜悦与被冷落的心情形成强烈的反差，在妻子去准备蛋糕的时候，这个美国男人却爬到阁楼上，用上吊的方式结束了从险情中捡回的宝贵生命。

由上述案例可以看出，用心去倾听是多么重要。用心去倾听是最深层次的沟通，是最高层次的对他人的爱与尊重。

第二节　倾听的层次及类型

一、倾听的层次

人们的耳边每天都充斥着各种声音，不同的听者对于同样的声音刺激，最后的反馈结果是不一样的。由此可见倾听是有层次的。具体而言，倾听有以下几个层次：

第一个层次是"充耳不闻，心不在焉"。对于别人的讲话只是表面应付，实际上没有用心去听。例如，在召开讲座进行政治理论学习时，张教授在上面讲国际政治和最新政治理论，晓东却低着头在玩手机。

第二个层次是"选择性倾听"。对于自己感兴趣或者喜欢的内容认真去听，对于不同意见或者不喜欢、不感兴趣的内容则予以应付。例如，在上英语课时，小辉双眼望着窗外等待下课，可当老师讲课的内容中出现了"英超联赛"这几个字时，他马上把视线从室外转向老师，全神贯注地想要听清老师接下来讲什么，遗憾的是，老师仅仅讲了两三句就不再讲"英超联赛"，接着讲教学计划内的其他内容，小辉再一次感到无聊，将视线转向窗外坐等下课。

第三个层次是"只是听见了"。每一句话都认真听了，然而却是"走耳不走心"，并未调动所有的感官参与到倾听中，对于听到的信息解码不全或者未予解码，导致沟通效果打了折扣。

第四个层次是调动全部的感官去主动倾听，积极思考，主动接收信息，准确解码信息，了解和感知信息背后所包含的思想感情、态度、价值观。

在英语中有一个公式用来表示倾听的层次：

Listening（倾听） = Hearing（听见） + Thinking（思考） + Paraphrasing（解译）

"听见"只是倾听的第一步，倾听主要是心智的活动，不只是感官活动，思考和解译才是核心。

二、倾听的方式

经过长期观察，研究者认为由于各人的身份地位、知识背景不同，导致人们倾听关注的侧重点不同，人们有四种不同的倾听方式。

1. 侧重于人的倾听

主要关注的是说话人，关心对方的情感并寻找与对方的共同兴趣并对情感做出反应。例如，母亲听孩子讲在幼儿园遇到的事；恋爱中的情侣听恋人讲话，即使发现对方讲的话里有错误也会因为不想使对方难堪，伤害彼此感情而不予指出。

2. 侧重于内容的倾听

听者喜欢听复杂和更具挑战的信息。他们可以不掺杂感情地倾听并在大脑中对听到的信息做出评估和判断。例如，听新闻时总是希望信息量更大一些；当我们写完一篇论文想要找人指正时，侧重于内容的倾听者会根据你的陈述提出修改意见建议，而侧重于人的倾听者则不愿指出你的疏漏，伤害你的感情，使你难堪。

3. 侧重于形式的倾听

这一类型的听者要准确、恰当得体的表述，对于组织混乱的内容没耐心听。例如，老师听学生回答问题，电视机前的观众听主持人讲话都是如此。

4. 侧重于时间的倾听

此类听者喜欢简捷、高效，他们喜欢简短和快速地与人沟通，不喜欢拖泥带水，他们也希望说者能够短时间内精练地表达出自己想要知道的信息，他们会明确告知说话者他/她有多长时间来阐明观点。例如，领导与下属之间沟通，作为下属必须事先整理清楚自己的思路，组织语言，简单、高效地与领导沟通。

三、倾听的类型

根据倾听的目的、动机不同，可以分为以下几种类型。

1. 获取信息式倾听

获取信息式倾听主要是为了获取信息和知识，如学生听课、听讲座、参加培训、听广播等。获取信息式倾听的着眼点在于首先要倾听和识别内容的中心思想（贯穿于整个内容的基本思想），然后是听主要观点（加强中心思想的观点），最后是听支持性观点（支持主要观点的材料）。在上课或者听讲座时，先要在大脑中形成框架识别中心思想，记住主要观点和支撑性观点，在这个基础上预判接下来要讲的内容，将讲话者的观点与自己的经验联系起来寻找共同或相似的观点，并对不同的观点进行质疑。

2. 批判式倾听

批判式倾听是对听到的内容进行评估和质疑。这些质疑可以在头脑中进行，也可以直接对说话者表达。事实上，每个人对于外界的各种事物或现象都有着自己的认知，这些认知有的是正确的，有的是错误的，这些认知的形成往往和个人过往的经历/经验、知识谱系、道德评价标准、价值观有关。当去听别人讲某个知识之前，自己大脑中已经检索相关内容并做出自己的判断，倾听过程实际上就是一个质疑和判断的过程，会对听到的观点与大脑中原有的观点相互验证。例如，辩论赛的正方和反方都会注意倾听对方观点并对其中的一些内容观点进行批判等。再如，王老师看到学校发的通知邮件，学校邀请国内某位著名教授下午举办一场有关"信息安全"的讲座，要求没有课的老师去听讲座。在看到题目后王老师想。"信息安全就是讲网络安全，现在网络技术飞速发展，我们每个人都有被黑客攻击、中病毒以及被植入木马导致信息泄漏的风险，这次讲座应该是告诉我们有哪些网络安全威胁，让我们安全用网"。然而听讲座时，王老师发现这位知名教授讲的内容和他设想的并不完全一样。

在批判式倾听中，首先要做的是搞清楚说话者的动机，将事实从观点中区分出来，对观点进行质疑和提问。在实际生活中，每个人在听到与自己意见相左的观点时，都会不高兴，甚至反感。在这种情形下，需要正视这种认知观念上的差异，以宽容的心态面对。

3. 情感式倾听

情感式倾听是听者被要求或者希望为了情感而倾听，且要与他人分享自己的情感。研究调查表明，减压的最佳方式就是发牢骚，而在这个时候一个合格的倾听者是不可或缺且非常重要的。说者并不需要听者做什么行动或者从听者那里得到什么帮助，而只是需要对方倾听。

★ 案例 5-4

王医生已经在一家知名医院里工作了 5 年，有一天上班后，一位女患者前来问诊治疗，他看这位女患者衣着得体，但面容憔悴，气色不大好，在问过病情之后开了诊断书和药方，让患者拿药回家按照要求治疗。

两周后，这位女患者再次前来问诊治疗，这次他发现女患者心事重重，面容憔悴，神情忧郁，似乎比上次病情还加重了。王医生很吃惊。他给患者倒了杯水，请患者坐下，对患者说："你应该是心理压力太大所致，如果你有什么想要说的，我会是一名合格的倾听者。"刚说完，女患者就放声大哭。王医生起身关好门窗，再听这位女患者一边哭一边倾诉。在听的过程中，他知道这位女士家里果然出了一些变故。这位女患者哭完之后，整个人的精神状态比之前好了很多。她很感谢王医生的耐心倾听，并在之后又找王医生倾诉了两次，最终彻底痊愈。

回想起这次经历，王医生很感慨，他觉得一个好医生必须懂得如何去和患者沟通，而与患者沟通最重要的就是先当一名合格的倾听者，愿意倾听患者讲话。

4. 享乐式倾听

享乐式倾听单纯只是为了享乐、放松而倾听，如听音乐、欣赏话剧等。人们通过此类倾听来舒缓神经、调节心情、缓解压力。如果喜欢，人们记住听到的内容是很容易的，如人们基本上可以陈述自己喜欢的电影里面的经典台词或者歌曲中打动自己的几句歌词。

享乐式倾听不仅是声音入耳，更为关键的是还要理解内涵，产生感情共鸣，使得声音所传递的感情或者态度"入心"。若能将自己的知识经验与所听内容联系起来，那么倾听会更加有趣。例如，某位老师比较喜欢听西方歌剧，也知道其中的一些规则，他去音乐厅听音乐会，节目单上有《拉克美花之二重唱》以及《银铃之歌》，他很期待早点听到，在他的认知中花腔女高音最好的歌唱家是达姆娆，他知道今天的节目中这两个曲目能否表演出色，花腔女高音演员很关键，他对这两首曲目中的花腔女演员充满了期待。

四、影响倾听的因素

1. 认知失调

认知失调是一个适用于沟通的心理学原理，一个人如果具有两种甚至更多种观点/态度，且这些观点/态度对立时，他/她会感到矛盾。例如，家境贫寒的大四学生小丁面对找工作和考研时的矛盾心态；下班时间到了，是继续加班完成工作还是回家陪家人第二天再做工作。通常降低认知失调的一种方式是通过忽略那些引起冲突的信息。

2. 情绪焦虑

有时人们不能有效倾听是因为处于一种极度的焦虑状态中，因此不能集中精力去听。例如，下午快下班前开会，母亲担心自己生病的孩子，很着急，所以对于会议讲了哪些内容并不是记得很全或听得很清楚。

3. 控制倾听

比起听别人说，许多人有着很强的倾诉欲和控制欲，他们并不愿去倾听别人，更喜欢自己说，总是要控制话题。

4. 被动倾听

真正的有效倾听是主动的，需要抱着一种积极的态度参与。而很多人却以为倾听只需要坐着听就好了，不让思考参与进来，更不会主动反馈。往往老师要求学生课前预习，上课认真听讲。实际上这种情形下的学习就是一种主动的学习，因为预习，熟悉了内容和知识框架，所以学生上课听课是一种主动的、有目的的倾听，学生抱着积极的态度去听老师讲课，特别是课程的重难点，效率就会高很多，远比那些事先没有预习、漫无目的、被动地听老师讲课，甚至想要记下老师所讲每一句话的学生成绩要好得多。

5. 环境因素

环境干扰是影响倾听的最常见的因素之一，营造良好的倾听环境对于倾听至关重要。环境对倾听效果的影响主要是从以下两方面体现的：一是对信息传递造成干扰，消减、歪曲信号，比如老师正在讲课，从教室外面传来刺耳的电锯声或者汽车喇叭声，这会直接影响学生的听力；二是对沟通者心境造成影响。恶劣的沟通环境会直接影响沟通者的心情，讲者不愿多讲，听者不愿多听，使得双方的沟通效率大打折扣。

6. 倾听习惯

倾听过程中倾听者的一些个人习惯也会影响倾听效果。好的倾听习惯会促进沟通，如在听的过程中面带微笑、点头或对讲话者给予赞许的目光、用笔记录讲话者的观点等都会使得讲话者信心大增，从而从容、充分、全面且高效地将自己的沟通内容说出来。反之，倾听者的一些不好的习惯也会使倾听效果大打折扣。不利于有效倾听的习惯有以下几个方面。

（1）面无表情地对着说话人。沟通的过程中，说话人在讲话时需要观察听众反应，根据听众的表情、动作等来判断听众对于所讲内容或者观点的认可和接受程度,并从中得到鼓励。倾听者面无表情地对着说话人,说话人无从判断听众对于话题的喜好和接受程度,无法及时对讲述内容和观点等进行调整,因此,沟通效果会大打折扣。另外,从人与人沟通的礼仪礼貌角度来说,面无表情也是对对方的不尊重,是一种失礼行为。

(2) 时常打断说话人。虽然沟通是双向的,需要讲话人与听众共同参与才可以较好地达成沟通目标,但是在说话人未允许的情况下打断别人讲话是一种不礼貌的行为。不时打断别人讲话会影响讲话人的讲话思路和其他听众的思路。

(3) 经常看时间或者催促说话人。在与人沟通时经常看时间或者催促说话人,实际上是对说话人或者沟通内容的不重视,觉得所讲的内容对自己没用或者对于说话人有成见,甚至轻视说话人。这会让说话人很沮丧,只想尽快结束讲话,倾听者实际上接收的信息是打了折扣的,属于无效沟通。

(4) 对不感兴趣的话题或者内容表现出极不耐烦或者没耐心。根据自己的喜好来决定自己的倾听态度。当讲话人所讲的内容或者话题自己不感兴趣时,便通过行为或者表情表现出自己的兴趣欠缺或者不耐烦,从而分散了注意力,导致倾听效果打折,获取信息残缺甚至失真。

(5) 对于某些细节性的问题刨根问底。认真、专注地倾听讲话人讲话,在听到某些细节性的问题时,刨根问底,不断追问细节,从而扰乱了讲话人的讲话思路,不利于达成讲话人的沟通目的。

(6) 对于说话人的要求毫无反应。沟通是双向的,有信息的发出,也有信息的反馈。说话人为了达成沟通目的,对倾听者发出信息,要求倾听者做出某种行为来配合达成沟通目的。倾听者对于讲话人的要求消极应对则会导致沟通目的难以达成。

(7) 在说话者说话时大声接打电话等。有效倾听离不开良好的倾听环境,在倾听过程中,为了保证倾听效果,必须创造并维护倾听环境,这个环境既要有利于讲话人的说,更要有利于倾听者的听。在倾听别人讲话时,不接打电话,或者将手机调成静音甚至关机是最基本的礼节,也是实现有效倾听的基本要求。

第三节 有效倾听的技巧

倾听是有技巧和学问的。不懂得倾听的技巧,不会倾听,会造成人与人之间的误会。倾听的关键在于倾听者要全身心地倾听并对说话者适当地真情鼓励,刺激说话人讲得更多、更深入。

要想实现有效倾听,需要掌握以下技巧。

1. 不打断对方

在别人讲话时,仔细倾听,不打断对方,既是对他人的尊重,也是自身修养的一个体现。另外,不打断对方,可以让对方完整地表述自己的观点与看法,避免过早做出错误的批判。而人们最常犯的错误就是过早地打断对方,发表自己的见解或者只听一部分,不能全面地理解对方的意思，从而做出武断的评价和错误的判断。

★ 案例 5-5

一位老板正在和几个重要客户谈生意，差不多快要谈成的时候，老板的一个朋友来了。这位朋友插话说："嗨，知道吗？刚才在街上发生了一件很有意思的事情……"接着就说开了。老板示意他先不要说，可他却说得津津有味，不管不顾。客户见到话题已经被扰乱，便对老板说："你先和你的朋友聊吧，我们改天再来。"说完就告辞走了。

这位老板的朋友插话搅了老板的生意，让他很恼火。

2. 注意非语言暗示

在倾听过程中除了听说话者的有声语言之外，还要注意观察说话者的肢体语言，如表情、动作以及与听众之间保持的距离等所代表的含义。

★ 案例 5-6

在李老师讲课的过程中，他发现下面有一位同学一直在低着头玩手机，李老师一边提高声音讲课，一边用眼睛盯着这位同学。当下面那位同学的同桌发现后，用胳膊肘悄悄碰了碰那位同学，他抬头发现老师在盯着他，马上将手机收起来认真听讲。

在这个案例中，李老师对于不认真听讲的同学并未直接点名批评和提醒，他通过增强音量和盯视引起注意，要表达的意思是"我注意到你了，你要认真听讲了"。而那位同学的同桌则是通过碰胳膊肘暗示那位同学"老师已经盯上你了"。这些都是非语言暗示。

3. 倾听弦外之音

中国有句话叫作"说话听声，锣鼓听音"。在与人沟通时除了明确对方所说出的语言外，还要善于根据语境、前后句揣摩说话者的心理，听出对方的弦外之音，清楚对方话语中隐藏的真实意思。

★ 案例 5-7

在广州一个著名的大酒店里，一位外宾吃完最后一道茶点后，顺手将一双精美的景泰蓝食筷悄悄"插入"自己的西装内衣口袋中。这一举动正好让一位服务小姐看到了，小姐不动声色地迎上前去，双手擎着一只装有一双景泰蓝食筷的缎面小匣子说："我发现先生在用餐时，对我国的景泰蓝食筷颇有爱不释手之意。非常感谢您对这种精细工艺品的赏识。为了表达我们的感激之情，经主管批准，我代表本店将这双图案最为精美并经严格消毒处理的景泰蓝食筷送给您，并按照大酒店的优惠价格记在您的账簿上，您看如何？"

那位外宾立刻就明白了小姐话中的弦外之音，在表示了谢意之后，说自己多喝了几杯白兰地，头脑有些发晕，才误将食筷插入内衣袋内，并且聪明地借此下台阶说："既然这种食筷不经消毒是不能使用的，我就'以旧换新'吧！"说着取出内衣口袋里的食筷恭敬地放回餐桌，接过服务小姐给他的小匣子，不失风度地向付账处走去。

★案例5-8

罗西尼是19世纪著名的意大利作曲家。一天,一个作曲家拿着一份拼凑的手稿来请教他。演奏过程中,罗西尼不停地脱帽。那位作曲家很奇怪,就问他是不是房间很热。

罗西尼回答说:"不,我有见到熟人就脱帽的习惯,在阁下的曲子里,我碰到了那么多熟人,不得不连连脱帽。"[①]

4. 肢体配合,真情鼓励

倾听的过程中要善于通过得体的肢体语言向说话者予以反馈,对说话者予以肯定、鼓励或欣赏,如鼓掌、点头、微笑赞许的眼神等。

如果想对说话人表示出友好,可以面带微笑倾听;如果赞同他的观点或对他所讲表示欣赏,可以在坐着的时候适度将身体前倾,目光注视说话人甚至点头微笑;如果他的观点对你有所启发,可以迅速地将听到的内容记下来;若还想与对方进行更深层次的交流,可以将自己的座椅适度向前挪动,缩短与对方的空间距离,表现出对对方所讲内容的浓厚兴趣,满足对方渴望被人尊重的愿望,使对方愿意继续讲下去。

5. 把握好时机,适时插话

虽然不能过早打断别人的讲话,但是整个沟通过程不能只有说话人一个人在讲,必须有双方的互动,听众要和说话人有交谈。插话要选择恰当的时机,通过插话,激发说话者继续讲话的欲望,使谈话得以继续或者使话题更加深入。随意打断别人讲话是一种失礼的行为,不利于沟通目标的达成,而适时插话则是为了帮助沟通目标的达成而进行的,适时插话并不失礼。理想的沟通方式是一边听一边交流,以倾听为主,适时插话为辅。插话频率要适中,内容要有所选择。

一般而言,比较好的插话时机是:第一,对方刚讲完,但是还不够深入,这时可以插话诱导对方就刚才的话题继续讲下去;第二,对方讲话忘词或者卡壳了,在这种情形下,为了避免冷场,可以插话,简要地用几句话将说话人之前所讲的主要观点内容简单罗列、梳理和回顾,帮助说话人回忆起接下来要讲的内容或观点,使得沟通可以顺利继续;第三,因为某些原因,谈话沟通的气氛已经不利于进一步沟通,这时就需要第三方插话缓和谈话气氛。

插话时需要特别注意三点:第一,不要随便打断别人;第二,插话时,谈话的语气要友好,最好以商量的语气来谈;第三,句子形式要灵活,不要用语气强硬的反问句,尽可能用相对柔缓的祈使句等句子形式。

6. 身心投入地听

身心投入地听是指除了耳朵参与进来之外,眼神、表情、大脑、肢体等也都参与进来,全神贯注于对方。

身心投入地听,首先要使自己的身心处于一个放松的状态,全神贯注于对方。面带微笑,注视对方,仔细听,不要打断对方,更不要流露出不耐烦和对说话人陈述内容无兴趣的情绪。其次要注重对内容的倾听,不要急着去评判。最后要善于抓住要点,提高对陈述内容要点的记忆。

---

① 资料来源:http://www.zhlzw.com/mzzz/lz041_zhlzw/44.html。

拓展阅读

MBA 职场：职场中你需要掌握的倾听技巧

大多数人在职业生涯过程中，都曾听到别人说自己的倾听技能还有加强的空间。但是，许多人并不重视倾听技巧，而把精力放在学习如何能够更有效地陈述自己的看法上。这样的做法其实并不可取。良好的倾听——也就是积极、有纪律地探索、挑战他人提供的信息，以改善信息质量和数量的活动——是建立知识基础的关键，这样的知识基础才能激发新颖的洞见和想法。

倾听是一项珍贵的能力，但很少有人愿意花时间培养。许多绝佳的倾听者都展现出三种行为，认同这些行为，并加上练习，可以有效改善自己的倾听技巧。

首要的是展现尊重

身为职场人员，要是不听取各级人员的意见，根本无法经营复杂的组织。而一名好的倾听者首先要相信每一个人都能做出独一无二的贡献。尊重别人，也因此赢得别人的敬重。身为一个好的倾听者，就是协助对方抽丝剥茧，用新的眼光解读关键信息。人们必须克制住想要"帮助"资浅同人的冲动，不要急于立即提供答案。此外，同人在本身工作执掌以外的领域，也有提出深刻见解的潜力，领导人应予以尊重。

有一点特别要指出的是，态度尊敬并不代表避免询问尖锐的问题。好的倾听者会经常问问题，以挖掘出所需信息，协助对方做出更好的决策。对话要达成的目标，就是能够自由开放地交流信息和想法。

倾听时应保持安静

倾听的指导原则是在交谈过程中，80%的时间由对方说话，受众说话的时间只占20%。此外，应尽量让说话的时间有意义，也就是尽量用说话的时间问问题，而非表达自己的看法。当然，说比做容易——毕竟大多数人天生都有直言不讳的倾向。不过，如果忙着说，就无法真的倾听。不良倾听者要不就是把对话当作宣扬个人身份或想法的机会，要不就是花比较多的时间思考下一个回复，而非真正倾听对方说话。

放任个人意识阻碍倾听。不能保持安静，就无法倾听。而要抑制说话的冲动并不容易，但伴随着耐心和练习，可以学会控制那股冲动，选择在适当的时机加入，改善对话的质量和效能。有些人天生就知道如何在"表达"和"打断"之间画下清楚界线，但大多数人必须靠后天努力才能做到。虽然对话时有不时问问题打断的必要性，以将对话导回正轨或加快进行，但不要太过匆忙。倾听者要有意识地思考何时打断，何时保持中立、不带情绪地倾听，尽可能延后反驳、避免打断。随着保持静默的能力增强，就可以开始更有效地运用沉默。保持静默有更多机会观察到一些平时可能会遗漏的非语言线索。

要敢于挑战假设

良好倾听的一个重要基石是要从一段对话中获取所需，必须准备好挑战长久以来为人所尊重的假设。因此，良好的倾听者会试着了解并挑战每个对话背后的假设。许多人在当倾听者的路上跌跌撞撞，因为他们从没想到松懈自己的假设，开放心胸接受更多能从他人对话中找出的可能性。只要带着尊敬对方的态度展开对话，提升对话成果的可能性就更高。

总之，好的倾听者更能够根据完善的判断做出更好的决策，只要能尊重谈话的对象，保持安静让他们畅所欲言，并开放心胸接纳一些可能破坏信念的事实，每一个人都可以提升倾听这个重要的能力。

——资料来源：http：//www.mbachina.com/html/zcyx/201610/98452.html

课后练习

1. 以团队形式，进行倾听训练。各团队第一个同学都会拿到一张纸条，纸条上面是一则新闻。20秒看完之后（不准抄写和拍照新闻内容）向第二个同学陈述，第二个同学向第三个同学陈述，第三个同学向第四个同学陈述，依此类推直到最后一个同学听完。各组完成后，最后一个同学上台向大家陈述自己所听到的内容。

规则：

（1）每个同学在向下一个同学陈述时，音量只能自己和诉说对象听到，再有一人听到就视为犯规；

（2）其他同学不准向还没听到的同学泄露自己听到的信息；

（3）哪个组先完成，哪个组先举手示意，示意后最后一个同学站到台上来等待所有组都示意结束后发言。

2. 阅读材料，思考并回答问题。

在一个家庭聚会上，一位客人测试主人的孩子说："假如你驾驶飞机载着乘客在空中飞行，突然发现飞机有问题，出现故障，没油了，你怎么办？"

这小孩直截了当地说："我就赶快跳伞，让他们在飞机上等着我，我要第一个跳伞！"

许多客人听后都哈哈大笑起来，有的客人还笑得东倒西歪的，就觉得孩子真鬼头，一发生故障他第一个跳伞，先想到自己跳伞自己逃生。

而这时，孩子爸爸接着问道："然后呢？"

这个小孩说："我去取汽油，然后回来救他们。"

听到这句话，客人们的笑声戛然而止。他们没想到在孩子单纯的、幼稚的举动当中包含着一颗博爱的心。

（1）通过这个小故事，你认为我们在交际沟通中为什么会误解对方？

（2）故事中孩子的父亲怎么让客人改变了对孩子的看法？

（3）倾听时，我们会犯哪些错误？

3. 你是优秀的倾听者吗？

（1）在倾听过程中，你会看着说话人，并适时地点头、微笑吗？

（2）在倾听过程中，你经常能听出对方的言外之意吗？

（3）在倾听过程中，你能做到不受对方的外表影响而只关注讲话人的谈话内容吗？

（4）在倾听过程中，你特别关注说话人的主要观点和事实本身吗？

（5）在倾听过程中，你能控制自己不轻易打断对方吗？

（6）在课堂上或者参加会议时，你经常坐在前排吗？

（7）你会不以自己的情感和好恶来评价讲话者的话吗？

（8）当听到对方所讲的内容有误时，你能克制自己不马上插话吗？

(9) 在讨论问题时,你愿意让他人做出最后的总结吗?
(10) 当听到与自己对立的观点时,你能耐心听完,不急于反驳和辩论吗?
(11) 当听到不准确的问题时,你能及时反馈核实吗?
(12) 你有做笔记的习惯吗?
(13) 在倾听时,你的情绪会随着说话人的情绪适时变化吗?
(14) 你在倾听中会分析注意讲话者所讲的内容是否符合逻辑吗?
(15) 你能敞开心胸抱着学习、获取有用信息的心态倾听吗?

结论:如果你的答案中"是"的选择不到 8 个,那说明你在倾听技巧方面还存在很大问题,建议认真学习前面所讲内容并加以提高。

第六章

语言与非语言沟通

★ 导学案例

　　导游小王和小杨在一起聊天。小王问小杨:"人家都说沉默是金,你说,沉默真的是金吗?"

　　小杨说:"不一定。那次我和小白一起带团在西安,我们向客人推荐'贵妃宴'。介绍完了,问客人吃不吃的时候,二十多位客人都一声不吭——沉默!我一看苗头不对就溜了。小白看在地陪的面子上,又去问客人吃不吃。结果呀,被客人骂了一顿。客人说:'让我们掏钱的事,你们怎么这么积极!'你看,沉默是什么?"

　　小王说:"照这么说,沉默有时不是金,而是暴风雨来临前的宁静啊!可是,如果客人把话说出来你就一定能明白他的意思吗?"

　　小杨说:"那要看客人怎么说。比如,他对你说'你真好',你知道这是什么意思吗?如果他把重音放在'你'字上,我想他是真的说我好。如果他把重音放在'好'字上,那就不好说了,可真可假。如果他把重音放在'真'字上,而且把声音拖长,说成'你真——好',那就基本上可以肯定他是在讽刺我。"

　　小王说:"我也注意到了,客人要强调什么的时候,是会用重音来强调的。比如,你问他要不要增加某一个景点,他如果明确表态,就会在说'我们不去'的时候,把'不'字说得重一点,或者干脆一字一顿地回答:'我—们—不—去'!"

　　小杨说:"是啊,恐怕有时候客人哼一声、出口长气,你都要想想那是什么意思!"

　　小王问道:"这哼一声到底是什么意思呢?"

　　小杨说:"那就要看具体情况了。比如,客人走着走着,突然'哎哟'一声,你又看到他一个趔趄,那大概是把脚扭了。如果客人在'哎哟'的同时,还拍着脑门,那多半是忽然想起了什么或者是发现自己遗忘了什么。"

　　小王问道:"如果客人出一口长气呢?"

　　小杨说:"那也得具体分析。那次登上长城,远眺北国,风光无限,我就听到一位老华侨长出了一口气，再看他那一脸的自豪，那意思肯定是：'啊——，祖国真美啊！'不过也有相反的，去年股票大跌，我团里的一位上海客人不停地长吁短叹，后来一问，果然他已经损失了将近一半。"

小王感慨道："看来我们做导游的要想当一个好导游，要善于通过观、听、悟，来把握客人的各种心理啊！"

——来源：http://www.docin.com/p-1549132593.html

★学前问题

1. 非语言沟通都有哪些种类？各自的特点及重要性是什么？
2. 你能够正确解读日常交往中的非语言沟通所代表的含义吗？
3. 如何在日常沟通中恰当地使用语言沟通技巧？

第一节 语言沟通

一、语言沟通的形式

语言沟通是以语言符号为载体，建立在语言文字基础之上的沟通方式，它进一步分为口头沟通和书面沟通。

1. 口头沟通

口头沟通是借助语言进行的信息传递与交流。它的表现形式很多，最常见的是人与人之间的面对面的交谈。此外还有借助电话、广播、会议、即时语音/视频通信软件等进行的口头沟通形式。

2. 书面沟通

书面沟通是借助书面文字与符号实现信息的传递与交谈。书面沟通形式很多，如通知、文件、布告、备忘、报刊、邮件、传真、汇报、短信、微信等。

总之，口头沟通的一个完整过程包括意思的表达和领会，具体而言是信息发出（说话）、信息接收（倾听）、信息反馈（提问或者回答）。书面沟通的一个完整过程主要包括写作（信息发出/传递）和阅读（信息接收）两个过程。

二、语言沟通的特点

1. 普遍性与社会性

语言沟通是人们传递信息、相互联系、相互合作的手段与方式。从本质而言，它是一种社会现象。人是社会性的动物，语言是特定社会群体共同采用的，是传递信息、态度、情感并为大家所共同接受和理解且能做出相应反馈的一种行为和符号，因此它具有普遍性和社会性。

对于语言沟通的普遍性与社会性，要从以下三个方面理解：①人类的沟通都是发生在一定的社会条件和时空场合中,不同的社会条件和时空场合决定了语言沟通的具体方式和风格。②语言沟通是动态发展着的,不是静止不变的,它随着社会的产生而产生,随着社会的发展而发展。③人的社会性决定了语言沟通的社会性,人的社会性本质决定着个体必然与其他个体和社会组织之间发生交互,这个交互是通过语言沟通来完成的。

2. 个体性

语言沟通从具体形式上而言都具有个体性的特点。语言沟通是通过个体来实现的,由于个体与个体之间存在差异,特别是语言沟通能力上存在差异,所以表达能力的强弱,表达习惯、理解和接受能力、文化素养、社会经历、职业、气候、性格、教养等的不同导致了语言沟通的个体性。

★ 案例 6-1

有位秀才,晚上睡觉时被蚊子咬醒了,于是对睡在身边的夫人说:"尔夫为毒虫所吸也。"秀才看到夫人没有反应,又大声说了一遍:"尔夫为毒虫所吸也!"夫人依旧没反应。秀才大怒:"老婆子,快起来!你老公要被蚊子咬死了!"夫人闻声赶紧起床,赶走了蚊子。

案例中秀才被蚊子咬醒,喊夫人起来赶蚊子,秀才的表达习惯和文化素养决定了他说话的特点,这也是导致他前两次沟通目的未能达成的根本原因。

3. 双向性

语言沟通的双向性是由沟通的特点决定的。沟通是一个"信息传递—信息接收—信息反馈"的双向流动的过程,这个过程既可以是信息的交互,也可以是情感的交互,实质上是一种能量的交换。语言沟通不能由单独一方来完成,即使直接面对面语言沟通的对象不是人,也必定存在着一个客体。

阅读的过程实际上是语言沟通的过程,是阅读者通过文字、符号获取和了解作者想要传递的信息、思想、情感与态度的过程。

三、语言沟通的原则

1. 目的性原则

沟通的目的在于传递信息,语言沟通也是如此,要遵循目的性原则。说话的目的有以下几种:传递信息,使对方获取知识或者知道某事;传递信息,引起对方互动,要对方做某事;传递信息,引起对方的感情共鸣;传递信息,要对方理解或者认同某事;传递信息,使对方感到快乐。

2. 准确性原则

语言沟通必须精准、正确,符合为大家、社会群体所遵循的语言规范,即符合语法习惯。只有这样,人们才可以正确解读和理解,并做出正确的反馈。否则,将造成沟通中的障碍。如学院办公室主任李老师给陈老师打电话:"今天下午6点在田家炳教育学院大楼1009房间开展党组织生活会议,请准时参加。"一句话中包含了所有的信息:时间、地点、事件,被通知者很容易理解并做出相应行动,沟通目标也就达成了。

3. 情境性原则

语言沟通必须符合特定的情境，即必须符合沟通过程中所涉及的时间、地点以及双方状态。

★ 案例 6-2

中午放学后，在餐厅买饭的同学排起了长龙。李蕊和赵丹等了好久才买到饭菜，就在这时，英语老师给李蕊打来电话，让她马上去办公室一趟。因急着去老师办公室，李蕊把饭盒递给赵丹，请她帮忙带回教室。赵丹接过饭盒向外走，上台阶时不小心滑倒了，饭撒了一地。赵丹本想重新给李蕊买一份，但想到此时餐厅还有那么多人在排队，就打消了这个念头。

李蕊回到教室时，赵丹愧疚地对她说："真不好意思，我把你的饭撒了！"李蕊听了非常生气，当着同学们的面数落起赵丹来："唉，你真是太粗心了，上次元旦晚会排节目，要你去租盘光碟，你却在途中把光碟弄丢了，害得我们没有用到光碟，还要赔人家钱，这回又……"赵丹红着脸，小声地说："要不，你吃我的吧，还有两个包子！""什么破包子，里面的馅都是垃圾肉！怪不得你长这么胖，原来你爱吃这东西！"李蕊不顾周围的同学，如此揭短，赵丹很是难堪，啪的一声，把包子摔在桌子上，扯着嗓门喊："你爱吃不吃，实在不行，我赔你钱还不行吗？"赵丹一边说，一边把钱扔了过去。从那以后，赵丹和李蕊形同陌路，谁也不搭理谁。

案例中，赵丹和李蕊之所以会闹出这个结局，主要原因是李蕊在公众场合揭了赵丹的短处，让她无地自容。赵丹办事粗心，固然应加以改正，但李蕊口无遮拦，开口就揭短，也太不应该了。俗话说"打人不打脸，骂人不揭短"，特别是在公众场合，揭短不仅损害对方在公众心目中的形象，也降低了自己的形象，不仅会加深彼此间的矛盾，还会让对方心理失衡。对同学因意外造成的过失，要多一些理解和宽容，李蕊如果事后找适当机会和赵丹沟通，帮助她改正，这样做既能维护赵丹的面子，又不会破坏友谊。

4. 得体性原则

语言沟通得体主要是指语言沟通要考虑说话的情境，同一件事情在不同的情境下有不同的说法，沟通应考虑说话对象的身份、说话的氛围等，采用让说话对象觉得舒服的表达方式沟通交谈。

★ 案例 6-3

有一次，孔子带着他的几名学生出外讲学、游览，一路上十分辛苦。这一天，孔子一行人来到一个村庄，他们在一片树荫下休息，正准备吃点干粮、喝点水，不料，孔子的马挣脱了缰绳，跑到庄稼地里去吃了人家的麦苗。一个农夫上前抓住马嚼子，将马扣下了。

子贡是孔子最得意的学生之一，一贯能言善辩。他自恃有不凡的口才，自告奋勇上前，企图说服那个农夫，争取和解。可是，他说话文绉绉，满口之乎者也，将大道理讲了一串又一串，尽管费尽口舌，可农夫就是听不进去。

有一位刚刚跟随孔子不久的新学生,论学识、才干远不如子贡。当他看到子贡与农夫僵持不下的情景时,便对孔子说:"老师,请让我试试看。"

于是,他走到农夫面前,笑着对农夫说:"你并不是在遥远的东海种田,我们也不是在遥远的西海耕地,我们彼此靠得很近,相隔不远,我的马怎么可能不吃你的庄稼呢?再说了,说不定哪天你的牛也会吃掉我的庄稼哩,你说是不是?我们该彼此谅解才是。"

农夫听了这番话,觉得很在理,责怪的意思也消释了,于是将马还给了孔子。旁边几个农夫也互相议论说:"像这样说话才算有口才,哪像刚才那个人,说话不中听。"

说话要得体就要看说话对象,要看说话环境,要看说话的事理。孔子曾经说:"可与言而不与之言,失人。不可与言而与之言,失言。知者不失人,亦不失言。""失人"意思是失去了可以说话的对象;"失言"可以理解为这次说话本身就不对,也包括选错了说话对象。要做到两"不失",就要在适当的场合、适当的时间、适当的语境,对适当的人说适当的话。上面案例中,能言善辩的子贡恰恰是因为没有看说话对象也没选择正确的说话方式才导致沟通失败,而另一个学生则注意到了说话对象并选择了恰当的表达方式,因此达到沟通目的且被认为说话很得体。

四、语言沟通的技巧

1. 口头沟通技巧

口头沟通技巧主要体现在以下八个方面。

(1)讲话要有逻辑性。逻辑性主要体现在讲话时的内容逻辑是否严谨,条理是否清晰,层次是否分明,内容重点是否突出上。作为沟通高手一定要注意讲话的逻辑性。

(2)事先要对说话对象有一定了解。主要是指沟通者事先要对说话对象的文化程度、理解能力、性格喜恶、倾听习惯有所了解,有针对性地选择恰当的表达方式。

(3)做好"声控"。口头沟通依赖有声语言,声音非常重要,沟通者需要控制好语速、语音和声调,言语要有起伏、抑扬顿挫,控制语言的节奏感。

(4)灵活选择话题。根据不同的场合和沟通对象灵活选择话题进行沟通,在话题的选择上要注意选择大众化、具有寒暄性的话题,也可以选择能彰显自己个性的话题。如果想要和对方有更多互动或者深入谈话,那么在话题选择上应尽量找对方关心的人或者事,以此为话题和对方展开交谈。

(5)说话者必须有吸引意识。沟通成功的关键在于实现双向信息交流与反馈,要做到这一点,说话者的"说"很重要,说话者所说内容必须能够吸引听众,且要有新意。

(6)克服不好的语言习惯。正如每个人的个性不同,每个人的说话习惯也有着自己的特性。有些习惯有助于有效沟通的实现,如有人在和别人沟通时总是带着微笑,亲切、友好地与别人交流;有的人在与别人沟通时总是很有礼貌、声音悦耳。有的语言习惯则不利于有效沟通的实现,如说话时带口头禅、爆粗口,在公众面前讲话时一句话中有多个无意义的语气助词等。

(7)尊重对方。一方面,讲话要礼貌、真诚,体现出对对方的尊重;另一方面在自己的行为举止上也要注意,不要一边忙别的事一边与人沟通,也不要与别人说话时漫不经心,更不要与人说话时抖腿或者坐在桌子上与人沟通。

（8）发音清晰、准确。讲话口齿清晰、字正腔圆，对于自己的一些发音缺陷或者地方口音要有意识地予以注意和纠正。

2. 书面沟通技巧

书面沟通技巧主要体现在以下五个方面。

（1）书写工整。主要是指字迹清晰，不潦草。

（2）符合表达语法规范。主要是指要符合所使用语言的语法规则，规范用语，表达的内容不要引起歧义。

（3）表意准确。是指写作内容准确表达自己的意图且条理清晰，层次分明，便于理解。

（4）简洁明确。如非必须，尽量做到简洁明确，不要拖泥带水。

（5）网络沟通要正规。网络沟通语言要符合主流社会的沟通习惯和表达习惯，不要太过个性、非主流，要用大家所能接受的方式进行表达。

第二节　非语言沟通

非语言沟通是相对于语言沟通而言的，它是指通过肢体动作、体态、空间距离等方式交流信息、进行沟通的过程。

研究表明，面对面交流中，非语言传递的信息量达到93%，语言传递的仅有7%。心理学和生理学研究表明，人类获取的外界信息80%来源于视觉，剩余的20%则来源于听觉及其他渠道。

一、非语言沟通的特点

非语言沟通是由文化决定的。人的许多非语言行为都是后天习得的，是由其父母和所在族群有意或者无意地传给的。人们能够接纳自己所在文化群体的特性与风格。

1. 无意识性

非语言沟通依附于语言沟通，是一种无意识行为，不像语言沟通一样需要事先经过大脑的加工整理。例如，与自己喜欢的人在一起，距离会比较近，而与自己不喜欢的人在一起时，距离则会比较远。

2. 可信性

人类可以经过训练、有意识地作假，进行言语修饰与欺骗，但身体语言却不能，大脑无法控制每一块肌肉，每一个表情。非语言沟通所表现出的信息很可能与语言信息相互矛盾，身体语言发于内心深处，接收到外界信息后表情、无意识下的动作等代表着人类最真实的本能反应、态度与感情，无法作假，可信度高。

3. 个性化

每个人都有符合其个性的动作和习惯，说话人的肢体语言与其性格、气质紧密相关。肢体语言往往是一个人个性特征的外在反应，可以通过一个人的肢体动作来解读其个性。

4. 情境性

与语言沟通一样，非语言沟通也和特定语境相关。不同的情境，相同的非语言符号有着不同的含义。同样地，拍桌子既可以是"拍案而起"也可以是"拍案叫绝"。

5. 独立性与伴随性

独立性即非语言沟通能脱离语言沟通，以独立沟通的形式表现出来；伴随性是指非语言沟通往往也伴随着语言沟通配合使用，相辅相成。

6. 普遍性与特殊性

普遍性即非语言沟通具有普遍的适用性，许多身体语言在世界上为大多数人所识别和接受，且被理解为基本一致的含义；特殊性则是因为不同民族具有不同的文化背景和生活习惯，会产生不同的非语言沟通符号和含义。

二、非语言沟通的功能

在日常生活中人们往往借助表情、目光和手势来进行表情达意，目光和手势等往往具有语言文字所不能替代的表情达意的作用。

眼睛是人心灵的窗户，可以明显、自然、准确地反映自身心理活动。眼神是传递信息最有效的途径与方式，不同的眼神起的作用不同，既可以表现出含情脉脉的一面，也可以表现出不屑一顾的一面，还可以表现出肯定、赞赏的一面。

手势是有声语言的延伸，具有极强的表情达意功能，且表达的信息丰富多彩。如教育厅领导来学校检查工作，校长在陪同领导参观校园并做相应介绍时，往往会比领导身子靠前，介绍时右手前伸，掌心向上，拇指与其余四指与虎口呈90°夹角，四根手指尖所指方向实际上就是自己带领客人接下来参观的目标。

非语言沟通具有一定的替代有声语言的功能，不需刻意地用语言表达，只需一个肢体动作或者表情即可让对方明白自己想要表达的意思。如在和人谈话谈及某事时，耸耸双肩，两手摊开，另一人即可知道自己所想要表达的无奈或无能为力的意思。

非语言沟通可以增强语言沟通的效果，使语言表达更准确、生动、有力、具体。如领导讲话时通过果决的手势、坚定的语气和神情等伴随着言语陈述会使得讲话更有气势。

非语言沟通因为是无意识下的行为，具有很高的真实性，因此它反映的是交际主体内心深处最真实的想法，流露的是最真实的情感。

三、非语言沟通的类型

非语言沟通形式丰富多彩，种类复杂，一切辅助人类人际沟通的形式均可称为非语言沟通，如人在谈话时的肢体动作、辅助语言、空间距离等。

1. 肢体动作

肢体动作也被称为肢体语言、形体语言，对应着大量的非语言沟通。非语言沟通的研究者将肢体动作分为五类：象征、说明性动作、调整性动作、情感表露和调适性动作。

象征是直接存在着词语解释的形体动作。如拇指和食指握成环状，另外三指竖起来，意为"OK"。

说明性动作意在加重和强调词语的含义。如7岁的小明告诉小伙伴"我爸爸昨天带我去钓鱼，钓了好大的一条鱼"，说话的同时，左手和右手各伸出一根手指，用手指间的距离来比画鱼的长度，使得听众对鱼的大小有了更深的印象；小王在遇到路人问路时告诉对方"向前直走，过两个红绿灯再右转，转过去后走50米左右到达"，说到"向前直走"时，左手笔直向前带动手肘移动，说到"过两个红绿灯再右转"时，左手的前半部有一个向右的弯曲，通过这两个动作能使得路人更加直观地了解他的意思。

调整性动作则控制听和说的流畅性，包括点头、手势、姿势的变换等。如老师上课提问说"请×××同学起来回答一下问题"伴随的动作是右手伸出小臂下压，拇指与其余四指呈90°，掌心向上，四指指尖指向那位同学，意思即是请这位同学起立回答问题。

情感表露是通过面部和肢体动作来表达情感。如嘴唇嘟起，两嘴角向下代表不满与不服气；婴幼儿通过用额头触碰某人来表达自己对此人的喜欢。

调适性动作是根据沟通情景做出调整的非语言方式。如有人在参加一次重要的面试前在备考室的座位上不停地挪动，调整自己的坐姿，甚至摆弄自己身上的首饰等。

人们最为熟悉的肢体语言主要有眼神，面部表情，手势、站姿、坐姿与步态等。

（1）眼神。"眉目传情""相顾无言，唯有泪千行""含情凝涕谢君王，一别音容两渺茫"等诗句都可见眼神能够表达出人内心深处最真实的情感和想法。眼神的交流是社交成功的先决条件。眼神交流无处不在，眼神的正视表示庄重，仰视表示思索，斜视表示蔑视，俯视表示羞涩。

一般而言，目光坚定、有神是对生活和事业充满热情的表现；目光游离不定说明这个人要么心怀鬼胎，要么性格懦弱，自卑、缺乏自信心；突然睁大眼睛，说明谈话内容对方比较感兴趣或对他而言比较重要；眼睛闪避，代表着处于卑劣地位以及对对方的服从和退让。

眼神交流中还有一个容易被忽视却又很重要的信号，就是瞳孔，瞳孔大小的变化往往有着更深刻的含义。经过研究发现，瞳孔放大有三种原因：一是人们在看到自己喜欢或者感兴趣的人或物时瞳孔会放大；二是在外界光线由强变弱时瞳孔会放大；三是人在吸食可卡因时瞳孔会放大。我们可以根据观察瞳孔大小的变化来判断对方的真实好恶。

（2）面部表情。最容易引起人们关注的非语言是面部表情。面部表情能最为直观地展示人们的心理状态。"眉开眼笑"说明春风得意，发展顺利；"愁眉苦脸"则是将郁闷与忧虑写在了脸上；"脸红脖子粗"是对愤怒的描写；"脸色苍白，双股战战"则是对恐惧的表述。

笑是面部表情中最为丰富的一种形式，不同的笑容有不同的思想信息和含义。微笑是一种令人感到舒适、舒服、放心的笑。真正发自内心的笑是表情与声音的和谐统一，是可以被人所感知的。笑能迅速拉近人与人之间的距离，为接下来的沟通打下良好的基础。在社交中，人们往往会更喜欢与会笑的人打交道。

眉毛闪动表示欢迎或加强语气；眉毛扬起后短暂停留再降下表示惊讶或悲伤难过。面部表情中不可忽视嘴部的作用。嘴唇闭拢，表示和谐宁静、端庄自然；嘴唇半开表示疑问、惊讶；嘴角向上代表善意、喜悦和礼貌；嘴角向下表示悲伤、无奈；嘴唇噘着表示生气、不满；嘴唇紧绷表示已经下定决心或者对抗。

在一个人的头部动作中，身体挺直、头部端正，表现的是自信、严肃、正派、有精神的风度；头部向上，表示希望、谦逊、内疚或沉思；头部向前，表示倾听、期望或同情、关心；头部向后，表示惊奇、恐惧、退让或迟疑；点头，表示答应、同意、理解和赞许；摆头则意为快走。

（3）手势。人们在讲话时经常配以手势表意表情。手舞足蹈表现的是内心的愉悦；捶胸顿足表示悔恨；拍案而起表示愤怒；以手拍胸表示敢做敢当；双臂交叉表示抗拒或警惕。伸手将食指放在嘴唇前意为噤声，不要说话；鼓掌表示欢迎和赞赏；摆手意为禁止或者不要；招手意为快过来等；手心向上表示坦诚直率，积极肯定；手心向下表示否定、贬低、抑制和反对。

握手是一种常见的手势，握手礼仪是：男士和女士握手，女士先伸手；和领导长辈在一起，领导和长辈先伸手；客人与主人之间，主人先伸手。即正确的握手顺序一般而言是"尊者决定"，女士、领导、长辈先伸手，男士、晚辈、未婚者和下属后伸手呼应。平辈见面主动握手；正确的握手姿势是与对方手掌交叉，抓住对方手轻轻摇晃三四次。握手无论是主动还是被动都不要慢且要与握手对象有目光交流，不可戴着手套与对方握手。

（4）站姿、坐姿与步态。正确的站姿是表情自然，目光平视前方，身体挺拔，收颈，收腹，收下颌，腰部挺起，两臂自然下垂，双腿并拢，脚跟靠拢，足间夹角45°～60°。

正确的坐姿要求端正、大方、自然。在座位上只坐一半，上身挺直，坐的时间久了可以稍微靠一下靠背。无论男士还是女士坐的时候都应双腿并拢或略微分开。无论男士还是女士，入座时都应轻缓，从容不迫。女士穿套裙或短裙就座时应身体微侧，一手按着椅子边，另一手压住裙子下摆轻缓入座，入座后再转身，坐下后双手垂直压在膝盖上，女士可以身体略倾斜，双腿并拢斜放在前方。

步态即走路的姿态。手插口袋或者裤袋都不雅观，正确的步态是脚步干净利落，身体挺直，手臂随着步伐有节奏地前后摆动，目光平视前方，从容不迫。

2. 辅助语言

辅助语言由伴随有声语言的口头暗示组成，包括语速、音调、音量、音质等。

（1）语速。语速对于信息的接收会产生很大影响。观察研究发现，当语速较快时更有魅力，但过快了反而会影响信息的接受程度与效果。

（2）音调。音调是指声音的高低。一个善于沟通的人，他/她的讲话总是既有高音又有低音，有起伏变化。

（3）音量。信息的传递与接收也可以受到音量的影响。如在嘈杂、喧闹的环境中必须加大音量，以保证听众能够听到讲话内容；而在安静的环境下即使低柔地说话也会被听到。如果讲话内容比较重要也可以增大音量以引起听众注意，将信息传递给听众。

（4）音质。音质即声音的质量，它是由所有的其他声音特点构成的，即速度、回音、节奏和发音等。简而言之，音质就是声音的悦耳程度。如果声音听起来尖锐刺耳，会使得听众心生反感，从而导致信息传递效果减弱，而如果声音比较悦耳，则会引起听众的兴趣与好感，从而使信息传递大部分或全部被接受并使听众做出正确反馈。

3. 空间距离

空间距离是指人与人在沟通交流时，留给彼此的安全空间与距离。一旦进入某一个场所，就必须决定自己需要多大的空间以及与他人保持怎样的距离。属于我们自己的空间也可以被视为我们自己的领地。如小明上课习惯于坐在教室第四排靠窗的位置，当他有一天走进教室发现第四排靠窗的位置被其他同学占领时,他就会产生一种自己的领地被侵占的念头。

爱德华·霍尔通过观察和访谈发现北美人与他人沟通存在着四个层次距离:亲密距离、人际距离、社会距离和公共距离。

亲密距离,0~0.45米,一般发生在最亲密的亲人和朋友之间。如父母亲将婴儿抱入怀中亲吻、抚摸;恋爱中的男女朋友拥抱、依偎;闺蜜间的手拉手、哥们间的勾肩搭背等。

人际距离,0.45~1.20米,朋友间非正式接触,如在街上遇到熟人停下来聊天时保持的距离等。

社会距离,1.20米~3.60米,当和人不熟时,最可能保持的一种距离。非个人事务、社交性聚会和访谈利用的都是社会距离。这种距离也可以用在较正式的场合和业务往来中,如一个单位的最高领导往往会用一个大办公桌隔开与其他员工、部下和来访者的距离。

公共距离,一般是3.6米以上的距离,是指正式场合公开的距离,如领导在大会上对下属讲话,演说者进行演讲等都采用这种距离。

拓展阅读

纳粹间谍现形了

当时盟军部队已经进入比利时,德军仓皇溃退。一天,两名士兵在驻地附近逮捕了一个叫艾米里约·布朗格尔的人。平托上校感觉到,这个人的穿着和谈吐虽然是典型的北方农民,口音也是地道的瓦隆地区(比利时某地区)的土音,但他粗壮的颈部和魁梧的运动员体型,与当地常见的惰性十足的人截然不同,于是决定对他进行审讯。

第一次审讯:

问:你是农民吗?

答:过去是,现在不是。德国鬼子抢走了我的牲畜,杀死了我的家人。

问:会数数吗?

答:数数?

问:对,把桌上这盘豆子数一数吧。

答:一、二、三……(慢慢地用法语数)

在第一次审讯中,上校未发现任何破绽,但仍不气馁,决定进行第二次审讯。这次审讯换用了特殊的方式:他派人在布朗格尔的住处放了几捆草,一个士兵点着后,烟从门的下面进到了屋里,值勤的士兵用德语大喊:"着火了!"布朗格尔惊醒,动了动,又睡了。接着平托上校用法语大声喊道:"着火了!"布朗格尔一下子跳了起来,绝望地敲打着门。这一次,上校仍未发现破绽。

第三次审讯,上校又用了新的方案。在布朗格尔被带来时,上校拿起一支从他身上搜出的铅笔。

问:你带这个干什么?

答:不就是支铅笔吗?

问:用它来写情报?

答:(流露出不屑回答的样子)

"可怜的家伙",上校用德语向身边的军官说,军官也用德语反问:"为什么?"上校说:

"他还不知道明天上午就要被绞死,已经21点了。他肯定是个间谍,不会有别的下场。"

平托上校一边说一边用眼睛斜视布朗格尔,特别注意他的眼睛和喉头。但布朗格尔没有任何表示,他以神态证明自己不懂德语。很明显,第三次审讯没有结果,到此为止,上校几乎绝望了,开始怀疑自己之前的判断。但直觉让他进行最后一次审讯——第四次审讯。如果再没有突破,就决定立即释放。

最后一次审讯是这样进行的:当布朗格尔像平时一样走进平托上校的办公室时,上校装作正看一份文件,看完后拿起铅笔在上面签了字,然后抬起眼睛突然用德语对布朗格尔说:"好啦,我满意了,你自由了,现在就可以走了。"布朗格尔长长地出了一口气,动了动肩膀,像是卸了一个沉重的包袱,他仰起脸,眼睛放着光,愉快地呼吸着自由空气。当他发现平托上校嘲笑的眼光时,一切都已经晚了,身后的士兵已紧紧地抓住了他。

这是一个十分有趣的案件,在前三次审讯中表明:布朗格尔作为一个间谍,对自己的眼睛、表情以及体态的刻意训练均达到了滴水不漏的境地。但在第四次审讯中,上校将话语内容由处死改为释放,布朗格尔的心理防线松懈了。他伪装多时,以为终于获得成功,那一刻的目光、神情和动作便泄露了他内心的隐秘。

人的内心隐秘不可能每时每刻都隐藏得那么深,总有流露之时。人的眼睛神态每时每刻都在传达信息。有心的沟通者请记住:不只是掌声、欢呼与嘘声会说话,眼睛和手势也会说话。

——来源:http://freebird1976.blog.163.com/blog/static/10558635520110414111789

课后练习

1. 尝试做出不同的肢体语言,请身边的同学猜一猜其传达的含义,并讨论不同文化背景下肢体语言不同的表意功能。

2. 搜集身边同学的不正确的非语言表达,以情景展示的方式进行讨论。

3. 以团队的形式进行沟通访谈:设计好主题,进行人物访谈。访谈对象:辅导员老师、任课老师、院系领导、学长、校内外商业街上的某一个老板。结束后进行总结,分析其中的成功与不足。

4. 小组选择观看一档国内谈话类节目,研究讨论主持人的说话技巧,分析其中一些著名主持人的沟通特点。

5. 尝试着去和班上的内向到沉默寡言的同学进行一次交谈,看你们能谈多久。

第七章

职场沟通

★ 导学案例

　　孙磊是一家信息技术公司的技术人员,有一天领导找他谈话,让他担任公司青年服务队的领队。原来市里即将召开高新技术产品洽谈会,市经委要求城区参加会议的公司派5名青年与会服务。考虑到孙磊大学时担任过团干部,所以公司决定让他带队。

　　孙磊说:"我现在正在开发一个项目,这您是知道的。现在正是关键时刻,我没精力干别的。"

　　领导说:"时间只有3天,不会牵扯你太大的精力。你只要每天把1人带到会上去,你也不需要整天待在那里。"孙磊犹豫着同意了。

　　会议举行的这三天,孙磊只第一天在大会上露了面,他叮嘱其他人自行到会务组报到,自己则回公司钻研他的项目去了。别人见领队不来,也都开小差溜了。会务组找不到人,直接打电话反映到公司领导那里。这件事,孙磊给领导留下了很不好的印象。

　　年底,公司调整部门主管,因为孙磊研发的项目取得了成功,有人推荐孙磊任技术部主管。领导很冷淡地说:"连5个服务人员都管不好,还能主管什么?"一句话就让孙磊失去了这次晋升的机会。

——来源:尹凤芝,沟通与演讲(第2版)(p295~p296)

★ 学前问题

1. 职场中如何与上级沟通?
2. 职场中与平级同事沟通应当注意什么?
3. 作为领导,如何与下级进行有效沟通?

第一节　与上级沟通的艺术

在职场中，不管什么单位，都有上下级之分。职场不同的职级、职位所享有的权利、承担的义务和权限是不同的。上级与下级之间、同级别的同事之间、下级领导与上级领导之间都需要进行有效沟通。

下级（被领导者）与上级（领导者）之间是一种基于工作内容和业务而产生的被领导与领导的关系。上级对下级开展工作进行领导、监督与指导。一个人只有得到了领导的认可与支持，才能实现自己的职业目标。

一、尊重服从领导

1. 尊重领导

所有的人都有得到他人尊重的潜意识需求，身处高位的领导更是如此。对领导的尊重应把握好"度"，既不卑躬屈膝又不生硬冷漠，而是表现出适当的热情有礼貌。如见面问好，请示汇报语气柔和，上下电梯礼让领导先行等。反之不但会使领导生厌，其他人也会反感和鄙弃你。

2. 服从领导

服从领导命令是下属的天职。虽然在人格上，上下级是平等的。但在组织上，下属必须要服从领导的命令，这是最基本的职业素养，也是一个单位行动力和战斗力的必要保障。任何单位，任何工作、任务的完成都是上下级通力合作的结果。上级领导站在全局角度思考问题并做出决策，安排任务，再将任务一层一层分派下去，最终落实到具体的人。如果有其中一个人不服从管理，任务就难以完成，最终影响全局。

基于此，下级必须牢固树立起尊重领导、服从领导的意识，即使领导思考问题未必全面、妥当，也必须给予相应的尊重。尊重、服从领导的安排，执行领导指示，维护全局利益，实际上也是在维护自己的局部利益。

二、学会汇报工作和提出建议

1. 如何向领导汇报工作

汇报工作是下级与上级之间沟通中最常遇到的一个问题，学会如何汇报工作就跨过了与领导沟通的第一关。

（1）要有汇报意识。一般而言，任何一个领导看重的都只有两样东西：一是下级是否对他信任；二是下级是否尊重他。尊重是领导权威和被下级认可的直接反映。领导判断下属是否尊重和认可自己的一个重要因素就是下级是否来汇报工作。心胸宽广的上级对下属很少汇报工作不太计较，会认为是没时间或者没必要汇报或者是惧怕自己而不敢来等。反之，心胸狭隘的上级则会猜测下级看不起自己或者联合起来架空自己等。一旦有了这种猜测他们就会利用手中的权力捍卫自己的"尊严"，做出对下属不利的举动。

聪明的下级应当懂得：在工作任务完成后，应及时向领导汇报，不要让领导记挂；工作进行到一定阶段时，应向领导汇报，使领导了解工作的进展情况；重要工作安排下来，有了思路之后，及时向领导汇报，使领导知道你的工作思路，并根据实际对你进行点拨，你在更深入地了解了领导的意图后，就可以及时调整计划；预料工作会延期完成时，及时向领导汇报，使领导心中有数，对于延期的原因心知肚明，理解下属的难处并对上级的领导或客户有个说法。

（2）汇报工作技巧。向上级汇报工作既是职责，也是考验。完成领导交办的工作后，向领导汇报工作并加以总结，是必不可少的工作程序。汇报工作，无论是书面形式还是口头形式都须掌握以下几个方面的技巧。

1）理清思路。在向领导汇报之前，先冷静地对工作全过程进行梳理。理清思路最有效的办法是在汇报之前拟写汇报提纲。拟写汇报提纲即我计划要汇报哪些问题？先后顺序是什么？

2）突出重点。任何一项工作都有重点，即轻重缓急。汇报时首先要考虑清楚此项工作的中心或者重点以及是怎么实现的？遇到了什么问题？怎么解决的？效果如何？有没有什么值得以后借鉴的经验和建议或教训。重点问题关系着单位或者领导事业的利益。领导听你汇报关心的根本问题就是对重大问题的把握和处理结果。向领导汇报时，只强调一个问题，突出一个重点即可，否则，领导未必记得住你汇报的全部内容，甚至会觉得你做事抓不住重点，对你的工作能力和工作效率产生怀疑。

3）请领导点评。汇报完工作之后要请领导对汇报结果予以点评。下属汇报完工作，领导会根据是否完成了预期目标、是否存在瑕疵等有一个内心的评断。请领导点评，实际上就是请领导将感受讲出来以方便以后工作更加高效地开展，同时增加上下级之间的了解与信任，更高程度上达成默契。

（3）汇报工作时的禁忌。一是考虑不周、不成熟时，急着汇报；二是团队内部对有些关键问题争议、分歧较大时，急着汇报；三是"越位"汇报，团队副职越过正职或者员工越过上司汇报；四是事无巨细，频繁找领导汇报；五是把握不好"度"，汇报时不注意用词和说话方式甚至身份；六是不分时机找领导汇报。

2. 如何向领导提建议

（1）正面阐发自己的观点。领导在有些时候也会出错，出现考虑不周等情况，这时向领导提建议并不是指出领导的问题，或者从反面反驳和否定领导的意见，而是提出自己的合理化的、可行的解决问题的办法。对事不对人，指出疏漏之处，提出可行性意见即可，不可因此对领导顶撞、质疑、讽刺和挖苦。必要时采取迂回的方式来避免与上司发生正面冲突。

（2）维护上级尊严。向领导提出建议或意见时，最好是在非正式场合或私人场合，避免公开对领导提意见，这样可以维护领导的形象。再者如果你的建议或者意见有错误也不会使自己在公开场合丢面子。

（3）提出多种解决问题的建议请领导选择。最佳的方式是向领导提出多种解决问题的建议，将自己认为最合理、最有效的办法作为其中一个选项供领导选择，而不是生硬地告知领导应当怎么去做某事。这样既不伤领导面子还可以将自己的想法变为领导的想法。

三、在领导眼中脱颖而出，与众不同

职场竞争激烈，要想在职场中生存、升职，获得领导的认可与提拔不是一件容易的事情。要想在单位脱颖而出让领导关注、认可并提拔重用，要从以下几个方面着手。

1. 具有强烈的责任心与工作激情

凡是当领导的人都具有很强的责任心与工作激情。做领导的人也都喜欢有很强责任心的下属，因此必须将强烈的责任心与工作激情拿出来让领导看到并认可。

2. 敢于接受各种挑战

公司发展壮大的过程中总会遇到各种各样的新问题，面临各种无法预料的难题和挑战。如果永远只是做熟悉的事情或者业务，只能说这个单位缺乏活力或者没有进步，所以领导喜欢敢于接受挑战，并会积极想办法解决问题的人。

3. 适当显示自己的能力与成绩

长时间不显示出自己的工作能力和工作成绩会让领导和同事觉得你是一个可有可无的人，从而不利于你的发展，因此在适当的时候需要大胆地展示出自己的能力和成绩。

4. 精力旺盛，身体健康

不要觉得一脸疲倦地进办公室上班或者很晚下班被领导看到就证明自己责任心强、对工作兢兢业业，或许领导会想"为什么别人能在上班时间完成工作，他却总是要加班？他的工作效率到底有多么低"或者"身体那么糟糕，还能给他压担子吗"，进而会对你的工作效率和身体健康状况产生怀疑。因此，必须要将自己精力充沛的一面展示给领导。

5. 较强的执行力

接受领导安排的工作或者任务要马上动手，迅速、准确地完成，不要拖沓。

6. 荣誉领导在先

让领导在他的上级和下属以及同事面前有"能干，善于管理"的口碑。让领导在人前人后保持光鲜形象。

7. 谨言

对工作机密不私下传播、议论。也不要传播是非，特别是关于领导和同事之间的是非。

8. 要有决断力

遇事犹豫不决或过度听从他人意见者不会有前途。

四、学会向领导说"不"

尊重、服从领导是为了自己能快速融入团队，并在团队中成长，便于工作的开展，但并不是对领导盲目服从而不加思考。对于自己不能胜任的、有违自己良心的事情必须予以拒绝。

领导所说的话有违道理，可以断然拒绝，这是保护自己之道。要保护自己的独立人格。对自己能力有限，无论怎样努力都无法胜任的事情也应断然拒绝，免得耽误大事。

五、虚心对待领导的批评

对待领导的批评应当把握以下几点。

1. 认真对待批评

在被领导批评之后，要克制自己的情绪，认真思考一下自己的工作是不是没做好，有没有不妥之处，认真反思、改进。不要不把领导的批评当回事，我行我素。这样比当面顶撞领导更糟。

2. 不要急于争辩和解释

在被领导批评时，有些人总是急于解释和争辩，事实上这样只会让领导觉得你压根没有认识到自己的错误。而应先承认自己的错误和疏忽，再在承认错误的基础上提出自己的补救办法，最后再采取合适的方式告知领导自己之前这么做的想法，并承认自己考虑不周。

3. 知错就改

承认错误，知错就改，有利于自己的进步，也有利于维持与领导的关系。知错就改的人会让领导觉得"听得进去话"。工作中犯错误是难免的，可不认错、不改正错误则很恶劣。

六、防止和克服"越位"

每个人都有自己的位置，在不属于自己的位置上做事情就是越位。职场上，正确认识自己的角色和地位，知道自己的权力边界，在自己权限内做事才能不"越位"。下级在处理与上级关系过程中常发生的"越位"，主要有以下几个表现。

1. 决策越位

决策权是领导所拥有的"特权"，这种权力下属是没有的。只有领导才能根据自己的权限对自己负责的业务做出决策。本该由领导做的决策却被下属做了，下属行使了自己不具有的决策权，超越了自己的职权，这就是决策越位。

2. 表态越位

表态是个人或者组织对于某件事情或者某种行为的基本态度，一般与一定身份相联系。超越身份表态是不负责任的，也是无效的。单位间就某事表态，应当由上级授权才可以进行。在上级没有授权的情况下抢先表明态度，会给单位和领导带来被动与麻烦。

3. 工作越位

不同层级和身份的人职权不同，所做的事不同，如果下级做了上级或者上级部门才有权做的事情，就属于工作越位。

4. 答复问题越位

有些问题，需要权威人士或者具有一定公信力的人或者领导才能答复。缺乏这种权威或者公信力的人擅自答复，就属于越位。

5. 特定场合越位

特定场合（如宴会、重大活动等），应当适当突出领导。而有些下属不懂这些场合礼仪，过多地突出自己，就会造成"越位"。

第二节　与下级沟通的艺术

作为领导，与下属搞好关系，赢得下属的真心拥戴，才能调动下属积极性，使他们尽职尽责工作。

一、与下属办事先要建立威信基础

威信是领导在下属中的号召力、吸引力、影响力和集体向心力。领导的威信来自自己的职位，但它能发挥多大效果则是基于下属对于领导长期的做人做事的评判。领导者要树立自己的威信，有以下途径。

1. 以诚立威

诚信是人与人交往的一个基本准则。领导者想要做事，必须先给下属树立言必行，行必果的印象。如中国传统故事中，商鞅立木为信，请人将大柱子从咸阳城南移到城北即给千金，兑现自己的承诺，从而取得秦人信任，最终变法成功；孙子投奔齐王，齐王为测试他的能力让他训练宫女，他在宫女面前讲明军纪，开始训练，在齐王爱妾违反军纪时杀之以正军纪，最终将一群乌合之众训练成严守纪律的军队，最后取得齐王信任，实现了自己的理想。

2. 以才立威

一般而言，分管的领导都是所分管领域的业务专家或者管理专家。一个领导除了职位之外，更要成为业务行家，能够指点下属顺利完成工作，这样才会被大家认可和接受。

3. 以情取威

情实际上就是领导与下属间的友好感情。感情是在长期的共事过程中逐渐建立起来的，基于上下级间的相互了解、相互信任、相互体谅。感情主要来自领导长期对下属的栽培与关怀，以及发自内心地为下属考虑，也包括下级对上级的尊敬、拥护与爱戴。

4. 以权立威

以权立威不是玩弄权术、以权谋私，而是利用职位赋予自己的权力，赏罚分明，秉公执政，积极行政，大胆地对下属的工作监督、指导，必要时进行处罚等，从而保证自身职权能够顺利履行。

二、与下属沟通的技巧

1. 让下属感受到对他们的关心

按照马斯洛的层次需求理论，任何一个人都有爱与被爱的需要。同样每个人都渴望被人重视。因此，聪明的领导对下属的关心，特别是对下属私事的关怀与照顾，更能使他们的这种愿望得到满足，从而使他们觉得自己是重要的，而不只是在需要时才会被想起。

2. 宽容大度，原谅下属的错漏

"人非圣贤，孰能无过。"面对下属的错误与疏漏，对其批评教育，引起其警醒，避免犯同样的错误，同时对于无关大局之事，也要原谅下属的过错，不要锱铢必较，否则只会在团队中制造离心力，不利于团队的团结。

3. 多激励，少命令

在工作中，对下属多一些激励，少一些命令，这会更好地调动下属的积极性，激发他们的创造力，同时也有利于团队的健康和谐成长。

三、学会调节下属间的矛盾

关于下属间矛盾的调节，应注意以下几点。

1. 立场客观公正，不偏不倚

下属间有矛盾找领导解决，是基于对领导的信任。因此，处理此类事情一定要注意立场公开、公正，否则一旦下属觉得领导处事不公，就会降低或者失去对领导的信任。因此必须以公正、公开的立场与态度，认真把事情处理好，不偏向任何一方。

2. 听完双方陈述后，找人核实或者调查事实

任何人的陈述都会带有有利于自己的主观性特点，因此听完双方陈述和利益诉求后，要进行调查核实。调查核实下属矛盾的前因后果、利益诉求等之后才可以进行调节。

3. 以事实为基础调节或者折中调和

在处理下属间矛盾时会发现，双方似乎都有利但都有失偏颇，很难明断是非。这时，折中调和、息事宁人是最好的处理办法。

第三节　与同级沟通的艺术

一、职场新人如何快速融入团队

一般而言，刚进入一个新的单位、加入一个新的团队的人都被称为"新人"或者"新员工"。所有的团队成员之前在长期的共事过程中建立起了默契，而新人由于不了解团队的日常运转、团队文化，与大家不熟悉，所以大家都不习惯。因此，新人要想办法尽快融入团队，获得大家的接纳与认可。

1. 树立良好的第一印象

新人加入团队，团队内部的所有成员都在盯着新人、观察新人，新人的一举一动、一言一行都会给大家留下深刻印象，同时领导也在观察着新人。所以必须努力建立良好的第一印象。因此，新人必须谨言慎行，谨慎处理细枝末节和人际关系中的点点滴滴。建立良好的第一印象应从自己的仪表仪容、礼貌待人以及遵守纪律做起，这样会让大家觉得你是一个懂礼貌、守规矩的人。

2. 尽快了解单位文化

任何一家单位都有其独特的单位文化。这些文化是成文或者不成文的，却往往被单位内部所有人认同和共同遵守。新人进入单位之后，必须尽快翻阅一些单位之前的资料以及细心观察老员工做事时的一些方法，甚至听老员工讲述一些单位发展过程中遇到的大事以及由此给单位带来的影响，通过这些方法了解单位的文化并注意遵守这些规矩。

3. 尊重老员工，虚心请教

初到单位，一切都是陌生的，因此要主动向单位或者团队内的老员工请教。这里所言的老员工是指比你加入此单位或者团队早的人。

相较于新人，老员工在单位或者团队内部工作时间较长，熟悉单位或者团队的文化以及办事流程，业务精通，经验丰富，人脉资源丰富，对单位也很忠诚，是一个单位或者团队的脊梁。因此新人必须放低身段，虚心向老员工请教，使自己尽快融入团队，熟悉业务。

正确与老员工相处的基本原则就是以礼相待，以情动人。以礼相待必须表现出由内而外地对老员工的尊重，以情动人则是要与老员工处理好关系，甚至适当地发展与他们的友情。

4. 不要介入派系之争

单位、办公室往往也不可避免地会有派系、利益团体。对于新人而言，进入单位、加入团队之后一定要避免加入派系。过早参与派系之争对于新人来说风险过大，因为新人刚加入团队，所有的人包括领导都在有意无意地关注你，而加入派系，对立一方就会给你使绊子。

5. 恰当地称呼上司和同事

进入职场，如何称呼自己的上司和同事也是一个难题，称呼不好会给对方留下不好的印象。一句简单的问候，首先是人际交往中的礼仪问题，其次是个人修养和工作态度的问题。一般而言，比较严肃的政府部门、事业单位，称呼领导时往往是以职务来称呼，且就高不就低。如县委副书记姓刘，本来应该喊"刘副书记"，但依据"就高不就低"的原则要称呼"刘书记"；如县委副书记姓刘，某个镇的党委书记也姓刘，这时为了区别应称呼"县委刘书记、×××镇刘书记"；如果正副职都是同姓，则在职务就高的同时前面加上全名，必要时加上他们的分管业务。而在军队里面则必须以实际职务称呼，如刘副参谋长就是"刘副参谋长"不能喊成"刘参谋长"。在国有企业，日资、韩资企业里面称呼对方要"循规蹈矩"一些。在其他企业则要依据情况灵活处理。这些主要和单位的文化背景有关，如西方国家的企业里可以称呼对方的英文名字、昵称等。

★案例 7-1

孙丽刚从大学毕业，应聘到一家大型民营企业。正式到单位报到前，父母对她谆谆告诫：一定要尊重同事，遇到年纪大的就叫老师，年纪轻的就叫哥、姐。孙丽如法炮制，到了办公室之后就"李老师""张哥""王姐"地叫上了。可效果远没那么理想，同事非但不领情还觉得她太幼稚。部门主管也认为她孩子气、不成熟，这让孙丽大为沮丧。同事善意地提醒她：我们是高新技术的民营企业，时代感很强，同事关系平等，气氛也比较活跃，大家都是互相称呼名字，"哥""姐"之类的叫法比较别扭。

6. 从身边琐事做起

任何一个单位的新人，由于领导不了解他的学识与工作能力，所以不敢委以重任，只会安排一些小事、琐事，根据处理琐事的表现来判断他的能力与学识，并逐渐委以重任。因此不妨做个有心人，认真完成领导分派的每一件事情，完成之后可协助同事做一些辅助性工作，让大家觉得你是一个勤快肯干的人，树立自己的形象，以便快速融入团队并为接下来接受重任打下基础。

二、与同事关系和谐处理原则与技巧

与同事相处应把握以下原则与技巧。

1. 公私分明

无论与同事私交如何，涉及公事时，必须公事公办，不可将私事与公事混为一谈，否则会给自己带来麻烦。

★案例 7-2

小刘是某校的应届本科生，她在校期间表现非常优秀。在她毕业这一年，学校出于进一步发展的考虑，从他们这一届的毕业生中选了一部分同学准备留校工作。小刘被辅导员老师推荐后，经过层层面试也被留校了。她很高兴，她们家里人也都很高兴，毕竟在高校工作机会很难得。签订劳动协议后，小刘被分到了学校的就业部门，主要负责审核毕业生的就业协议并进行登记。小刘工作很负责任，深受部门领导和同事的喜爱。

和小刘一起留校的还有来自其他系的9名同学，由于经历相似，他们关系很好，很快都成了好朋友。转眼到了4月份，在另一个系工作的小罗率先对工作不满意了，因为男朋友去了深圳，她也想跟着去深圳，就想辞职，可是当时就业协议上面规定得很清楚，"必须工作满三年才可以辞职或者续约"。她去找领导谈，领导也没有同意。她将自己的烦恼告知了小刘。小刘说："没事呀，我帮你，我就负责这个的。"她私下悄悄归还了小罗交到就业部的就业协议，小罗拿到协议之后，很快在深圳那边签了约。学校领导得知此事后非常生气，对小罗批评的同时也对小刘违反单位纪律，利用职权徇私的行为狠狠地进行了批评，最后学校也解除了与小刘的劳动合同。小刘最终失去了留校工作的机会，不得不再去参加招聘会求职。

2. 莫谈是非

作为新人一定要做到守口如瓶，不谈是非，不在背后说人、议论人，必要时远离传播是非的人。

3. 注意对方文化习惯

中国幅员辽阔，且民族较多，不同的地方有不同的宗教信仰、不同的文化和生活习惯以及语言差异，因此和别人说话必须要时刻注意，防止无意间冒犯到对方。

拓展阅读

职场沟通，男女大不同

职场男士，是不是有时会有"女人怎么这么不好沟通呢""跟女员工说个事情怎么这么麻烦呢"之类的疑惑呢？职场女们，是不是会有"我不能得到重用就是因为我是个女的吗""上司为什么不能理解我的良苦用心呢"等的疑惑呢？

男人本来就是职场上的原住民，只是随着社会的发展，女人也慢慢开始进入职场。为了在同一个团体（公司）中更好地合作，让自己在团队中有更高的核心竞争力，了解男女在沟通上有什么不同，为何有这样的不同是件很重要的事情。

职场男女沟通的不同，主要可以分为：沟通目的、做事方式、对结果的要求的不同。

①沟通目的。男人说话做事大多是为了解决问题，而女人大多是为了沟通感情。所以，我们经常能够看到职场男士（特别是地位高的）被说冷漠，女士被说啰唆。男人觉得，告诉了对方事情是怎样的就可以，而女人会觉得要把事情的前因后果都说清楚，会比较方便对方理解。

在这一点上，职场女士还是应多向男士学习一下。说话时，先说结论，再说理由，最后说细节。

要做得这么"商务"的理由很简单，每个人的时间都是宝贵的，工作这种讲效率的事情更是分秒必争。先说结论，告诉对方你找他说话是干什么，你的目的是什么，对方才更能知道他需要为你做什么。至于感情交流，吃个团队建设的午饭足够了。

来看个例子。

【感情沟通式交流】

琳琳：有时间吗？

大勇：怎么了？

琳琳：我跟你说件事情啊，咱们不是在做跟一个国企合作的项目吗？因为当天要办个活动，我现在负责做宣传册呢。但是我拿不定主意要做多少本。你不是在负责跟他们的主要工作人员的接洽吗？我想问一下啊，他们那边怎么反应的啊？我这边数量定不好，不好跟印刷厂谈啊。他们自己的预算能是多少呢……

大勇：（心想：你到底想说什么？）

【目的明确的交流】

琳琳：有时间吗？

大勇：怎么了？

琳琳：关于跟国企合作的活动，需要的宣传册的数量想问下你的意见。对方的负责人对参加人数有想法了吗？

大勇：啊，这件事啊，还没有呢。

琳琳：根据印刷数量的不同，单本价钱是有变化的。一会儿我给你个价目表吧，你帮我问问对方负责人的意见吧。

大勇：OK，我周五跟他们碰面时就问。

怎么样，是不是目的明确的交流更省时，而且得到的信息更多呢？

②做事方式。在工作中大家都有很多事情要处理，但如果你细心地观察一下就能发现，男人一次只做一件事，但女人可以同时做好多件事情。女人可以一边打电话，一边写写画画，顺便再查询个邮件。但是男人打电话时一定是专心地在打电话。

追溯到远古时期就能理解为什么有这样的不同了。当我们还是全身长毛的人类时，男人的工作是打猎，女人的工作是在家织布、带孩子。男人的工作要求他们精神高度集中，只关注眼前的这一件事情。要是一边打猎一边聊天，岂不是要饿死全家？而女人的工作却种类更多，而且是一个可以随意聊天的环境。所以女人早已习惯了在处理很多事情的同时，嘴还能不闲着。

所以，在职场沟通时，如果找职场男士沟通一件事情，他一定得停下手中正在处理的事情来听你说话。这时职场女士得学会看准时机，尽量别在他们全神贯注的时候打扰他们。职场男士，也不用担心女士又做这个又做那个是工作不用心，她们天生就有这种能力。

③对结果的要求。男人的目的性很强，只要目的达成，很少吹毛求疵。而女人则偏爱把细节全部都完善。

职场女士应该学会以效率为重，如果老板客户着急要资料，就别再去一页一页地检查PPT的字体是否好看了。

职场男士应该学会适当注重形式，不是什么细节都可以为了效率而忽略的。太过粗糙的工作结果，是对上司和客户极大的不尊重。

职场男士、职场女士，既然社会需要我们都工作，那就对对方多一分了解，多十分理解，然后多一百分信任地去工作吧！

——来源：http://blog.ceconlinebbs.com/BLOG_ARTICLE_203744.HTM

课后练习

1. 如何快速完成学生到职场人士的心态转变？
2. 职场沟通应当注意哪些方面？
3. 同事对你有看法，你要如何处理？你认为同事可以成为朋友吗？
4. 小王在一家公司里工作了几年，他喜欢跟别人沟通，你给他一分真诚，他给你十分真诚。一碰到跟他掏心窝子的人，他会把自己内心的边边角角翻出来全晒个痛快。可前段时间他很烦恼。起因是一个新员工和他坐在一起，就直述自己的悲惨遭遇。小王一下子没了距离感，将公司上上下下关系说了个遍。和知己聊天，会掺进自己的主观感受。过了段时间，有同事开始用异样的眼光看他，尤其是那些平时和他相处不太融洽的人。接着他看到和他形影不离的新员工开始和他有了距离，常常跟和他相处不太和谐的人在一起嘻嘻哈哈。他渐渐地发觉先前和那人说过的话在公司里开始流传，有人还和他对质。一种不友好的氛围让小王心灰意冷。这个案例对你有何启示？
5. 阅读材料，思考并回答问题。

副科长：小李啊，今天都周三了，交给你的材料整理完了吗？

小李：还没弄完呢。

副科长：那明天能按时交给我吗？

小李：估计明天也弄不完，还有几个县的数据没交过来。

副科长：那你去催催他们啊！

小李：催过了，他们不交，我有什么办法呀！

副科长：不管怎么样，我只看结果，不看过程，明天就把资料交给我。

小李：科长，不是周五才要吗？

对于小李和领导之间的对话，你认为有何不妥之处？假如你是小李，会如何与副科长沟通？

第八章

跨文化沟通与现代沟通

★导学案例

　　据资料显示，2015年，在中国有大约200万的外国人，这些外国人分布在中国的多所大中城市，特别是上海、成都、广州和北京四座城市更是集中了相当多的外国人士，且名列受外国人青睐的中国城市前四名。这么多的外来人口中，韩国人数最多，接下来是美国、日本以及其他国家的人。

　　中国有23个省、4个直辖市、5个自治区和2个特别行政区，有56个民族。不同的地区、民族有着不同的饮食文化、风俗习惯和方言甚至宗教信仰。随着中国经济改革的深化、中西部快速发展和"一带一路"的提出，不同地区、民族的人们的经济、生活交往越来越多。"一带一路"倡议布局延伸到海外，受到很多国家特别是沿线国家政府和人民的欢迎与支持，相关各国都希望在参与中国"一带一路"建设的过程中获得发展机会。在这个过程中我们不可避免地要与其他国家和地区的人们进行沟通。那么我们和这些人如何沟通？沟通过程中需要注意什么？

★学前问题

1. 如何与不同文化背景的人进行沟通？
2. 我国与国外文化之间都有哪些方面的差异？
3. 跨文化沟通的内涵、特征是什么？
4. 跨文化沟通的策略与原则是什么？
5. 现代沟通都有哪些方式？需要遵循什么样的礼仪？

第一节 文化差异对跨文化沟通的影响

一、文化的内涵、特征

文化是指一定区域内,特定族群基于共同的经济活动而产生的相同或相似的生活习惯、饮食习惯、风俗习惯、语言、宗教信仰、审美观等,且最终形成了共同的思维方式和核心价值体系。

由此可见,文化具有一定的地域性和归属性,归属于一定地域内特定族群。文化还具有相对稳定性和可遗传性。如儒家文化长期以来是中国文化的符号,它的主要传承和影响区域是中国以及日本、韩国等东亚国家以及周边国家。在 19 世纪前的几千年里,儒家文明的"仁、义、礼、智、信"等核心思想一直在传承,但儒家思想并不是一成不变的,它也在不同历史时期发生了变化。历代大贤对儒家文化的思想和内容进行了符合社会与实际发展的解释和扬弃,所以儒家文化才为一代代的中国人所承继,直至西方近代科学文化传入。

二、文化的差异性

不同国家、不同地区或不同族群,由于地理状况、历史发展沿革的差异,价值观、宗教信仰、审美观、风俗习惯、语言文字、伦理道德等出现了差异。

1. 价值观

价值观是人们对社会生活中各种事物、社会现象的评价、态度与看法。不同文化背景下,人们的价值观差别是很大的。比如在西方人的价值观中,生命最重要,士兵作战在战斗失败后为了保护自己的生命可以投降,而在东方文化中军人的荣誉远比生命重要,投降是一种可耻的行为。再比如,年轻人玩 cosplay 的行为,西方人会认为只要不影响公序良俗即可,而有些中国人会对 cosplay 持保留态度,甚至不认同。

2. 宗教信仰

不同的宗教有着不同的文化与戒律,这些宗教文化和戒律影响着人们认识事物的方式、价值观和行为准则。教徒信奉的宗教不同,信仰和禁忌也自然不同。这些信仰和禁忌制约了教徒的生活方式。

3. 审美观

审美观是人们对于事物美与丑的评价。不同的国家、地区、民族、宗教、阶层和个人往往因文化背景等的不同,审美标准也不尽一致。例如,中国妇女喜欢将饰物戴在耳朵、脖子或手指上,而印度妇女则喜欢戴在鼻孔。

4. 风俗习惯

风俗习惯是特定区域内,在一定的社会物质生产条件下长期形成并世代沿袭下来且为人们所共同遵守的模式或规范。其主要包括民族风俗、节日风俗、传统礼仪。风俗习惯对社会成员有着强烈的制约作用。

5. 语言文字

语言文字是人类交流的工具,是文化的核心组成部分之一。不同国家、不同地区、不同民族大多都有着自己的语言文字。相同或者相近的文字,在不同的国家和地区意思是不同的,如汉字"手纸"在中国实际上指的是卫生纸,而在日语里是"信件"的意思。

6. 伦理道德

伦理道德是调整人与人之间关系和行为的规范。不同的国家、地区,历史发展、经济发展、文化传承不同,相应的伦理道德规范也不同。

不同文化背景的人从事交际的活动即为跨文化沟通。跨文化沟通是经济全球化的产物,随着科技的进步、交通业与通信业的飞速发展,国与国、地区与地区、国家与地区之间的经济往来越来越密切,不同文化背景的人们共同生活、打交道、做生意、学习等,多元文化相互碰撞、共存。多元文化间的差异也是一直存在的,要想和平共处与发展,就必须学习和了解不同文化的差异。个人和企业要想成功,就必须面对多元文化,学会跨文化沟通,提高跨文化沟通的能力。

三、文化差异对跨文化沟通的影响

1. 感知差异对跨文化沟通的影响

感知即人体通过感觉器官感知外界刺激并进行选择和评价的过程。影响感知的主要因素有三种:生理因素、环境因素和文化因素。文化因素对感知的影响很大,如臭豆腐对于中国人而言是美味,西方人却只会觉得很臭。

2. 思维方式差异对跨文化沟通的影响

思维方式是人们思考问题的根本方法。不同文化背景的人,思维方式差别很大。而在跨文化沟通中很多人想当然地认为别人会用与自己一样的思维方式来解决问题,恰恰是这种错误的想法使得跨文化沟通难以顺利进行。

★ 案例 8-1

李莉是中国一所语言院校的年轻英语女教师,2006年李莉还在读研究生的时候结交了一位来中国读书的美国女学生Olivia。两个性情相近的年轻女孩很快成了好朋友,有一天在聊天的时候,Olivia向李莉吐槽,外面的衣服卖得比较贵,李莉听了很奇怪,因为她知道外面的服装并不贵且还可以砍价,刚好又没事就表示可以陪Olivia去买衣服,于是两个人一起出去买衣服。

到了服装店,Olivia选择了自己喜欢的衣服之后问老板多少钱,老板报出一个比较高的价格,正想要遗憾放弃购买这件衣服的时候,李莉开始和老板砍价,最终衣服以不到第一次报价四分之一的价格买到。Olivia很兴奋,她不断地称赞并询问李莉是怎么完成这么伟大的事情的。李莉也很高兴,但她又不知道如何去向Olivia解释"砍价"这种行为。想了想之后,她告诉Olivia:"I cheat her.(我骗了她。)"然而听到李莉说这句话,Olivia脸色大变。匆匆说了句就走了,后来在校园里也是尽量避免和李莉见面。后来她托人告诉李莉原因,在美国人的思维观念中,欺骗是一种不道德的、可耻的行为,她自己没有骗过人,也不想有一个骗人的朋友,那件衣服被她视为耻辱,她现在和将来都不会穿那件衣服。

在得知原因后,李莉很委屈,她也托人帮助自己解释了这件事情,特别强调,在中国购买商品"砍价"是一种正常的商业行为,这种行为为卖家和买家所共同接受和遵守,并不是欺骗,且与个人品行无关。经过解释之后两人才消除了误会,继续交往。但是这件事给两人都留下了很深刻的、难以忘怀的印象。

3. 价值观差异对跨文化沟通的影响

价值观是个人或社会对于某种行为或者现象的判断。价值观具有相对稳定性,是个人或者群体对于事物或者现象的评判,因此它也决定着人的行为方式。这种文化价值上的差异对管理观念有重要的影响。

价值观方面的差异表现在四个方面:第一,在看待年龄上。中国自古有敬老的传统,尊重年长者;而西方则强调"尊重青年",重视青年人的创造力。第二,在时间观念上。不是所有地区和国家的人都有很强的时间观念。如阿拉伯人和拉美人,约好时间却迟到是常见的事。法国人要求别人按时到达,自己却经常迟到。美国人和德国人则时间观念很强,不守时会被认为不礼貌。第三,在看待自我上。西方人注重个性的发挥和个人利益,以"自我为中心",强调自我。而中国及东亚几个国家则强调自制,一切行为都要从众。第四,在成就观上。西方文化重创新,是一种进取的"创业"观;而东方文化重人情,有着较强的、保守的"守业"观。

★ 案例 8-2

2003年10月央视热播电视剧《大染坊》,其中有这么一节:主人公陈寿亭宴请周涛飞,给周涛飞讲了一个笑话:"德国人到我厂里来装机器,一到六点钟就洗手下班,我不明白呀,这天还没黑怎么就下班了?我的朋友卢家驹跟我说,这外国人下班不看天,看表。我说不行,你把仨洋鬼子给我叫来,我得跟他们说。这仨人就来了,我说这是在中国,下班不看表,看天,天黑了才能下班,天要是不黑不能下班,你要是天不黑就下班,机器的余款我就不给你。他们也是工人,怕丢了差事,也就答应了。说来也巧,那天天阴得很,要下大雨,五点多钟天就黑了,他们洗洗手就要下班,我一看不到时候啊,怎么就下班了?我问他们为什么?他们用手一指天,那意思是天黑了。"

在这个案例中,主人公陈寿亭所讲的笑话其实反映的就是两个国家的价值观差异。中国传统上讲究"鸡鸣则起,日落则栖",所以工作结束时间就是以天黑为准。而西方人,特别是德国人做事严谨,有着严格的时间观念,有着明确的上下班时间且有着很好的契约观念,所以才会闹出先是六点要下班,后来天阴着光线变暗,五点多就又准备下班的笑话。虽然是笑话,但这也提醒我们在跨文化交往中一定要知道文化差异的存在,提前做好解决问题的准备。

4. 行为动机差异对跨文化沟通的影响

行为动机是由人的需要决定的。按照马斯洛的层次需求理论,人们会为了满足某种需要而工作。经济发展水平不同的国家,人们工作的动机不同,动机不同则最终的行为和结果也会不同。在跨文化沟通中要试着去了解对方采取某种行为的动机,学会换位思考,理解对方,在知道和理解的基础上采取相应的策略。

5. 社会规范差异对跨文化沟通的影响

社会规范具体包括风俗习惯、道德规范、法律规范和宗教规范，它们是跨文化沟通中容易引起误会和冲突的重要因素，它们规定的是人们应该做什么、不应该做什么、能做什么、不能做什么。

（1）风俗习惯。风俗习惯是流行最广的社会规范，是特定族群在历史长期发展中形成的一种生活方式。它表现在饮食、服饰、节庆、婚嫁、丧葬、社交礼仪等各个方面。在跨文化沟通中必须了解、尊重和适应不同国家、宗教、民族和地区的风俗习惯，特别是要注意其中的禁忌。跨文化沟通中的禁忌可以简略分为两大类：涉外禁忌和民间禁忌。

1）涉外禁忌。主要包括以下五种禁忌：

①数字禁忌。多数西方国家都不喜欢数字"13"。西方国家多受基督教文化影响，而基督教文化中"13"是一个不吉利的数字，据说是因为出卖耶稣的犹大是耶稣的第十三个门徒。日本和韩国则都比较忌讳"4"，因为"4"的读音（sì）与汉字"死"读音相近。

②交往禁忌。跟英国人打交道，要注意不要系带条纹的领带；不要以王室的家事作为谈笑的话题；不要把英国人通称为英国人，而称"大不列颠"就会使所有的英国人满意。与欧美人谈话时不要谈私事，比如年龄、收入、住址、健康状况等。在与东南亚国家的人交往时注意不要跷二郎腿。与佛教国家的人交往时不要摸小孩的头顶。与印度人、印度尼西亚人交往时不要用左手与对方接触，也不可用左手传递东西。

③男女禁忌。除非你想要追求某位女性，否则在法国不要给女性送香水；阿拉伯人忌讳别人问候他的妻女，所以与阿拉伯人寒暄时不要触犯这一点；在印度，如果遇到鼻子上装有饰物的女性，请不要冒昧去搭讪，因为印度的已婚女性才会这样打扮，冒昧前去搭讪，会被视为有不轨企图而给自己带来麻烦。

④颜色禁忌。埃及人忌黄色；印度人忌白色；泰国人忌红色；南美人不喜欢浅色衣服；欧美多国忌黑色（丧服的颜色）；伊拉克人忌蓝色。

⑤饮食禁忌。印度教徒不吃牛肉；伊斯兰教禁酒；佛教忌荤腥；基督教徒不吃任何动物的血。

2）民间禁忌。主要包括以下三种禁忌：

①称谓上的禁忌。在中国汉族、藏族等民族，都有"子不言父名，徒不言师讳"的尊师敬祖传统。晚辈一般都不能直称师长姓名。

②凶祸语的禁忌。趋利避祸是人的常见心理。基于此种心理，人们往往禁忌提到某些字眼。如"死"是所有人都恐惧的字眼，所以常用仙逝、升天、过世、薨、崩、卒、牺牲等来代替。另在乘船时也忌说翻、沉、漏等字。

③节日期间的禁忌。特别是在春节期间，如果打碎了碗碟经常说"碎碎（岁岁）平安"，而不能说"坏了"；因为人们普遍重视自身及自家的财运，所以春节期间见面打招呼，都说"恭喜发财"等。

（2）道德规范。不同文化中的道德既有相同的地方也有差异之处。如偷盗、不忠在各国文化中都被认为是不道德的，应当被谴责。跨文化沟通中，道德比风俗习惯高一个层次，因而沟通者对道德规范上的差异更难以适应。

（3）法律规范。不同的国家有着不同的法律规范。在跨文化沟通中，法律规范的不同会给跨文化沟通带来一定的困难,因此,跨文化沟通之前必须了解沟通活动涉及各方所在国以及沟通活动发生地的相关法律规范。

★案例 8-3

一名移民巴塞罗那的中国母亲为自己的孩子进行刮痧治疗,随后,孩子脖子上起了几条红印。被老师发现后,学校报警称孩子遭到了母亲的虐待。在当地法院审理过程中,法官无法理解孩子母亲和证人所解释的中国文化中"刮痧"的作用及其功效。这位可怜的母亲被判"虐待罪"罪名成立,被拘役 20 天并且禁止 3 个月内与孩子见面。

(4)宗教规范。宗教规范包括信仰、宗教教规、教义等方面。不同的宗教规范会产生不同的价值观念、行为准则和清规戒律,不同宗教信仰的信众思维方式、消费偏好、态度、习惯是不同的。这些都会对跨文化沟通造成很大影响。如伊斯兰教教义中禁酒,故在与信奉伊斯兰教的穆斯林打交道时一定注意不要喝酒。

6. 物质文化差异对跨文化沟通的影响

不同的文化创造了具有各自特色的物质产品。跨文化沟通中,最容易发现的文化特征就是物质产品的不同。如提起日本首先想到的是和服、榻榻米;提起印度则是咖喱和纱丽服;提起阿拉伯想到的是长袍和白头巾;提到俄罗斯就想到红肠和伏特加。

7. 语言差异对跨文化沟通的影响

语言是人们交际、沟通的工具,每个民族都有自己的语言,并且各民族语言之间存在着差异,这些差异既表现在口头的言语表达上,也表现在文字书写上。甚至是同样的语言由于不同地区的发音不同也会给沟通带来干扰。语言或者非语言的共同点越少,沟通越困难。

第二节 跨文化沟通的基本原则和策略

一、跨文化沟通的基本原则

上一节介绍了跨文化沟通所存在的障碍,知道障碍,就要想办法加以规避或者解决,只有这样才能在跨文化沟通中实现有效沟通。

1. 相互尊重原则

承认跨文化差异的存在,尊重对方的人格,尊重对方不同于自己的文化,如宗教信仰、价值观、风俗习惯等。但是这并不是无原则、无底线的尊重与让步,对于对方不合理甚至过分的要求要坚决予以抵制。

2. 相互了解原则

积极交往,主动去了解对方的风土人情、风俗习惯、道德规范、法律规范等。只有相互了解才能为实现有效沟通打下坚实的基础。

3. 相互信任原则

沟通双方相互理解，相互尊重，在合作共事的过程中实现相互信任，从而促进相互学习和共同发展。

4. 平等互惠原则

跨文化沟通双方在沟通过程中地位平等、话语权平等、法律上的权利义务平等。平等互惠有利于保护各自利益，建立长期合作。

5. 因地制宜原则

来自不同文化背景的沟通者，根据当地实际情况制定沟通策略，建立起适合自己的跨文化沟通模式。

二、跨文化沟通的策略

1. 承认差异，求同存异

不同地区、国家和民族的文化存在差异是必然的，不同文化的冲突不可避免，也不能逃避，必须承认文化差异的存在。不贬抑外来文化，同时对于自己的文化充满自信，寻找其他文化与自己文化的共同点。对于不同之处采取客观保留态度，致力于解决共同关心的问题，搁置争议，实现双赢。

2. 兼收并蓄，取长补短

各个地区的文化没有优劣之分，文化是人类长期的生存过程中，不同条件下的人们总结出的经验与智慧。文化一定程度上更是一种带有主观性的产物，每种文化既有优点，也有不足。在跨文化沟通中，要以开放的姿态面对文化差异，敢于消除文化壁垒，大胆吸收其他文化中的精华，摒弃自己文化中的糟粕。

3. 兼顾多元，差别管理

经济全球化必然导致多元文化的碰撞，对此应当积极对不同文化的人们进行差别化管理。差别化管理需要注意的是为不同文化背景的人提供平等的机会、福利和意愿，而不考虑他们在性别、年龄、种族和宗教信仰等其他方面的差异。

第三节　电话沟通礼仪与技巧

现代沟通是指区别于传统的沟通，人们借助于新兴的通信工具或通信方式进行思想、感情、观念、态度的交流。

现代沟通方式主要包括电话沟通和网络沟通。本节重点讲电话沟通的礼仪与技巧。电话沟通的媒介是固定电话和移动电话。自从电话在20世纪诞生之日起，就成了必不可少的社交工具。虽然电话沟通时看不见对方（可视电话除外），但可以从对方接电话时的语气、用语、方式等来判断对方的素质、态度及精神状态，进而决定是否要和对方继续交往或合作。因此，正确地使用电话对树立良好的个人形象十分重要。

一、如何打电话

如何打电话主要涉及打电话的时机、通话时长、接听电话的态度、通话准备与安排等。

1. 拨打电话的时间选择

时间选择错了，对方可能会感到不高兴，打电话的目的就不能达到。一般而言，若非特别紧急必要之事，不要在对方休息时间打电话，特别是在晚上 10 点之后和早上 8 点之前。在对方的进餐时间也不要打电话。因公事需要，一般应在上班时间打电话，确实需要紧急处理的，可以先给对方发短信，征得对方同意后再打电话。

2. 通话时长由呼入一方控制

一般而言需要遵循的是有话则长，无话则短，但尽可能短的原则。有人提倡 3 分钟原则，即无论多复杂的问题，都应在 3 分钟内讲清楚。这也并不是说通话时长一定不能超过 3 分钟，主要是提醒大家自觉长话短说，控制好通话时间。

3. 先整理好沟通内容，再打电话

电话的呼入方在打电话之前，先要想清楚自己给谁打电话、因何事与何人打电话、需要讲什么事、要达成什么目的，否则说话就没有重点、逻辑，对方也会听迷糊并且会留下此人办事糊里糊涂的坏印象。

4. 打电话，先自报家门

电话打通之后应当首先自报家门："您好，我是×××。"不要等对方来问，特别是第一次和别人打电话，千万不要让别人猜你是谁。商务电话则更加正规："您好，我是××单位××部门的×××，……"或者"您好，我是××单位负责××事务的×××，我就××事与您进行接洽沟通，……"在通话结束后，一定要说"再见"，然后再挂电话，否则对方会以为你没有把事情说完。

二、如何接电话

1. 及时接听

无论在做什么，当电话响时，都应当暂时放下手头的工作接听电话。一般而言，接听电话的最佳时间是铃响两三次之后。太慢会让对方心焦、不耐烦，而太快可能使对方毫无心理准备。

2. 态度友好

拿起电话后自报家门并问好，如"您好，这里是××单位××部门"或者"您好，我是×××，请问您是哪位？"这样可使对方很快确定你是不是要找的那个人，若不想暴露身份可以不报姓名，直接报电话号码，使对方知道是否拨错了电话号码。如"您好，这里是……，请问您是哪位？"即使是对方打错了电话也不要粗暴对待或者一句"打错了"就挂机，一定要礼貌地告知对方打错了。电话用语应当文明、标准且有风格。当呼入方没有挂电话时，被叫方一般不可以先挂电话，而是将结束通话的权力交给呼入方。若通话时间太长、拖得太久或者不方便接听也应礼貌委婉地告知对方，并约好时间给对方再打。

3. 认真对待

对于来电中所提到的问题认真答复，确实不能马上解决也应做好通话记录，以备日后查询。注意通话时的态度,虽然看不见对方,可对方可以根据你的语气、声音、声调、停顿等判断出来你的态度。尽量减少无关事情的干扰,接打电话时口中不要含东西或吃东西。嘴唇离话筒保持适当的距离(12毫米左右),声音太大或者太小都不好。

三、如何收发短信

和打电话一样,短信沟通也具有迅捷性、简便性和普遍性的特点,较之电话,短信的文字信息还可以作为资料长久保存,具有较长的时效性。

收发短信应当注意以下问题。

1. 用语文明礼貌且符合语言规范

短信在一定程度上是"白纸黑字",容易留下证据,所以发短信一定要文明礼貌,体现出自己的素养。同时要符合语言的表达规范,更重要的是要严谨,不要给自己将来留下麻烦。

2. 短信末尾要署名

很多人发短信时习惯将信息发出去而不告诉对方自己是谁,想当然地觉得对方知道自己的电话号码。但事实上,如果遇到对方更换手机号码或者忘记存储手机号码时,很容易给对方带来困扰:到底是谁发的短信?

3. 及时回复对方信息

在收到对方的信息后一定要及时回复,否则对方无法确定你是否收到信息,会一直等着。这也是对他人的不尊重。

4. 不要群发祝福短信

用短信拜年以及进行节日问候等都已经成了时尚,可很多人会将网络上流行的祝福语或祝福短信更改姓名后再群发。这样的短信千篇一律,会给人应付差事的感觉。因此,祝福短信千万不要群发,且祝福语一定要简洁、朴实,最好能体现出个性和心意。

5. 发送信息之前细心检查

短信在一定程度上也能看出一个人的文化素养,因此发短信之前必须细心检查,特别是在职场上,给上级发送的短信里面出现错别字或者逻辑不通等问题,会让对方觉得你的责任心不强,而给下属发短信出现错别字等问题也会让对方看轻你。

第四节　网络沟通礼仪与技巧

网络沟通是以互联网为工具,以文字、图片、声音、图像及其他媒体为媒介的沟通方式,是现代沟通中最重要的形式。最常用的有电子邮件、论坛、QQ、微信、微博、贴吧等。

网络是继报纸、广播、电视出现之后第四种覆盖面广、具有超强影响力的传播媒介,具有其他媒介无法替代的功能。它在信息沟通方面发挥着越来越独特的作用,成为新时代人们广泛采用的新型沟通方式。

一、网络沟通的特点

1. 信息资源的丰富性

随着互联网的发展,越来越多的信息被加入互联网,从而使互联网成为一个信息和知识汇聚的宝库。人们可以轻松地通过网络查找到所需的文字、图像和视听资料。

2. 沟通的交互性、多维性

网络沟通不仅是媒体将准备好的资料、信息呈现给用户,用户不再只是被动地接收信息,用户也可以通过阅读、下载、评论、留言、转发、上传等实现多维交互。

3. 沟通的开放性、虚拟性

网络是开放的,每一个人都能利用网络发表自己的观点,分享和展示自己的才艺、技能等。人们可以用实名或者匿名在网络中进行相对自由的沟通。

4. 沟通方式的多样性

人们可以在网络上浏览信息、阅读电子图书、观看影视作品、聊天、听音乐、看直播等。

二、常见的网络沟通形式

现代网络沟通形式日益丰富,多种多样。目前常见的有以下几种。

1. 电子邮件

电子邮件是利用电子手段提供信息交换的通信方式,是网络应用最广的服务。电子邮件具有使用简易、投递迅速、收费低廉、易于保存、全球畅通的特点。

2. 网络电话

网络电话拨打流程与常规电话一样,较之传统的电话资费更加低廉、使用更加便捷。目前常用的网络电话有 Skype 等。

3. 即时通信工具

即时通信工具是指能即时发送和接收互联网信息的通信模式。目前国内流行的即时通信工具有 QQ、飞信、微信、微博等。

三、网络沟通礼仪

网络沟通礼仪包括正确、简洁、清楚、安全与隐私、友善与尊重。正确即沟通内容要正确无误,没有违背社会常识和超出人们普遍认知范围的内容出现;简洁即网络沟通行文要简洁明了,不要拖泥带水、啰里啰唆,没有重点;清楚即网络沟通内容要条理清楚、层次分明、观点明确;安全与隐私即要遵守网络道德,注意妥善保护自己与他人的信息安全,不窥探他人隐私,保护自己的隐私;友善与尊重即网络沟通应当怀着友善的心态,交流中尊重他人,不使用网络暴力攻击他人。

四、网络沟通技巧

1. 电子邮件收发技巧

(1)电子邮件必须要有主题。主题是接收者了解邮件内容的第一信息,因此要提纲挈领，使用有意义的主题，使收件人能迅速了解邮件内容并判断其重要性。标题要简短，不宜冗长。注意一封邮件尽可能只有一个主题。回复对方邮件时，可以更改标题。

（2）礼貌称呼收件人。礼貌恰当地称呼收件人，注意拿捏好尺度。

（3）正文简明扼要。邮件正文简明扼要，行文通顺并注意说话的语气。分清条目、段落，一次邮件交代完整信息，尽可能避免拼写错误和错别字。

（4）便于收件人阅读。邮件语言的选择上要尊重对方的习惯，考虑到便于对方阅读，尽量不主动发英文邮件。如果邮件接收者年龄较长，可设置便于阅读的字号，字不要太小。

（5）结尾署名。邮件结尾必须署名。这样对方可以清楚地知道发件人信息。

（6）及时回复。收到对方的信息应当及时回复，回复要有针对性且回复信息不得少于20个字。

2. 发送电子邮件时的其他注意事项

（1）避免太多句子使用"我、我们、我的或者我们的"开头。

（2）不全部使用大写。

（3）避免在情绪激动时书写公文、邮件。

（4）发送前检查全部文字，包括收件者的姓名，若非工作需要尽量不要群发邮件。

（5）避免使用不规范的表情符号。

（6）不要随意转发邮件，特别是带附件的电子邮件。

3. QQ、微信、微博等其他即时通信工具使用礼仪与技巧

使用即时通信软件应当注意：

（1）在别人状态为"忙碌"时，不要打扰。

（2）不要随意给别人发送链接。

（3）即时通信工具不适合谈工作；若要谈工作，也请尽量压缩在10句以内。

（4）注意增强网络安全意识，不要在私人空间（如卧室）使用视频聊天，避免暴露隐私；也不要在有明显标识或者标志的地方使用视频聊天或者拍照，以免不法分子获取到你的位置信息；更不要泄露自己的身份信息和隐私。

（5）注意用语文明礼貌，更不要使用言语去攻击他人以及散布谣言等。

（6）网络沟通需注意遵守国家法律规定，特别是保密规定。不要为了获得他人的关注而将一些关系到国家军事安全等的保密信息有意或无意地泄漏出去。

拓展阅读

跨文化沟通的五种方式

联想集团的首席执行官比尔·阿梅里奥说："沟通是我每天都在做的事情。我经常在北京、香港、新加坡、美国等地出差，与当地的经理人讨论公司的发展。"

今天，像阿梅里奥这样的跨文化沟通者在许多公司已变得非常普遍。印度维普罗的总裁韦·保罗说："现在，许多创业公司一开始就是微型跨国公司，20名员工在美国硅谷，10名员工在印度。如果公司的产品不止一种，有些产品可能在马来西亚或中国制造，有些设计在中国台湾，而客户支持在印度或菲律宾，工程方面则可能在俄罗斯及美国，这将成为未来的潮流。"

在这股潮流中，沟通技巧日益成为跨国团队合作的基石。以下是联想、通用电气等优秀公司的经验。

（1）高层管理者要做榜样。阿梅里奥现在已经会说"你好"和"谢谢"。他还参加了一个"沉浸式"中文学习项目，以便了解更多的中国文化。

西门子前中国区总裁郝睿强，乐于做中国经理的导师。他和经理们单独见面，帮助他们规划自己的职业发展；讲解他们平时不太接触的东西，如制度是如何建立的、决策是怎样产生的等，让他们熟悉西门子的企业文化。

（2）了解双方的思维和习惯。阿梅里奥的感受是，美国和欧洲的经理人擅长表达自己的想法，而且希望让所有的人都了解自己的想法。中国的经理人往往倾听得更多，而且他们经过深思熟虑后才会表达自己的观点。美国及欧洲的同事要明白，如果中国同事没有说话只是在点头，这并不一定意味他们表示同意。

（3）参加业务会议，保持有效沟通。通用电气（GE）中国公司的首席培训官白思杰，经常要为各业务集团的经理人设计培训课程，他把集团内的培训经理看作自己最大的客户，通过会议与他们保持有效的沟通。"我们会保持经常的交流，我会参加他们的会议，会见各个业务集团的负责人，试着了解他们的人才需求。"

另外，他还从培训经理那里，拿到各个级别领导力培训项目的候选人名单。"因为培训中心并不了解业务集团的具体情况、哪些人适合参加什么培训。而他们有人才库的储备，会提出合适的人选。"

（4）设定标准，避免沟通误解。白思杰说："几年以前，我们有45个不同版本的Coaching（教练）课程。在布达佩斯的培训师和上海的培训师使用完全不同的术语和技巧。现在我们努力制定一个标准的GE版本，做到在程序、术语和训练方法上一致。"白思杰的目标是，让不同国家的经理人受到相同的训练，这样他们就不会产生不必要的沟通误解。

（5）创造沟通的机会。有效的沟通往往是在轻松活泼的环境中实现的。为此，联想公司举办中秋乒乓球大赛，还邀请了奥运会乒乓球冠军，让他和公司的经理人进行比赛。

通过乒乓球比赛这样的非正式沟通活动，中外管理人员展现了自己的所长和团队精神，加深了彼此的了解和信任。

——来源：http://houjianwen8716.blog.163.com/blog/static/8442014920089183836839/

课后练习

1. "一带一路"倡议目前正在深入推进，响应中国"一带一路"倡议的有65个国家和地区。全班分组，其中6组分别扮演蒙古和东盟10国、中亚5国、独联体7国、西亚18国、南亚8国、中东欧16国的角色，另外3组扮演中国的三个外来人口大国——韩国、美国和日本，各组查阅资料讨论并制作PPT，讨论话题：自己所扮演的国家或地区的文化特点是什么？中国和这几个国家进行跨文化沟通需要注意哪些事项？在下周各组派代表上台陈述，每组5分钟时间。

2. 小王是新上任的经理助理，平时工作主动积极，且效率高，很受上司的器重。一天早晨小王刚上班，电话铃响了。为了抓紧时间，她边接电话，边整理有关文件。这时，有位姓李的员工来找小王。他看见小王正忙着，就站在桌前等着。只见小王一个电话接着一个电话,最后,他终于等到可以与她说话了。小王头也不抬地问他有什么事,并且一脸的严肃。然而,当他正要回答时,小王又突然想到什么事,与同室的小张交代了几句……这时的李姓员工已是忍无可忍了,他发怒道:"难道你们这些领导就是这样对待下属的吗?"说完,愤然离去……

问题:

(1) 这一案例中发生的问题责任主要出在谁的身上?为什么?

(2) 如何改进非语言沟通技巧?

(3) 假如你是小王,你会怎样做?

第九章

面　试

★导学案例

2016年全国高校毕业生人数为756万，较之2015年的749万增加了7万人。大学生就业形势依然很严峻，这有目前经济增速放缓对就业拉动效应减弱的原因，也有城镇化过程中农村劳动力转移压力大的原因，还有新兴产业快速发展的影响，此外，近几年中西部地区经济快速发展导致的劳动力流动变化、企业用工成本和就业者对薪酬的期望值较高的矛盾、老龄化社会的到来等也对就业造成了相当影响。应聘参加面试，顺利签订合同找到一份工作确实很不容易。

★学前问题

1. 面试的内容都有哪些？
2. 自荐信、个人简历包括哪些内容？
3. 面试需要掌握哪些技巧？
4. 如何塑造良好的个人形象（内在素养与外部形象），使自己在面试中脱颖而出？

第一节　面试概述

一、面试的含义及其基本内容

1. 面试的含义

面试是一种有目的的组织行为，它是组织者为实现一定目的，经过精心设计，在特定场景下，通过考官与考生近距离、面对面地交谈和观察，由表及里测评考生的知识、能力、经验等有关素质的考试活动。面试的目的在于筛选、选拔出符合条件的优秀人才,加入自己的团队从事某项工作。

2. 面试的基本内容

(1) 仪表风度。仪表风度主要是指面试者的体型、外貌、气色、举止、精神状态等体现其气质的外在表现。我国自古对于人才的选拔都很重视其仪表风度,到了现代社会,人们更认为一个人的体型、外貌、气色、举止、精神状态代表着一个人的教养,一定程度上也能反映出一个人的自我管理与自我控制能力以及做事态度。由此可见,良好的仪表风度对于一个人的重要性。

(2) 表达能力。语言是思维的载体,面试官通过听取面试者自我介绍、回答问题等的言语并观察其面试过程中的行为来评判面试者,看其是否能通过口头语言并辅助肢体语言等顺畅、准确地表达自己的思想、观点、意见、建议,且其观点为听者所理解和接受。

(3) 专业知识。面试时,考官通常会根据应聘者的个人简历、自荐信和自我介绍陈述,提出一些关于专业方面的问题,借以评判应聘者的专业知识。

(4) 实践经验。与专业知识相比,有经验的考官更多地关注面试者的过往经历,特别是考察面试者是否拥有实践经历、是否在之前的实践中运用了所学的知识或者某项技能,是否能适应未来的工作与学习。

(5) 思辨能力。思辨能力即分析判断能力,也就是通过了解问题,然后思考问题进而得出一个恰当、合理结论的能力。其主要是对面试者的知识素养、理论水平、思维快慢等进行综合测试,它是整个面试中最重要的一项。

(6) 应变能力。应变能力即要求面试者有一定的思辨能力、反应力、敏捷度,能够对可能发生的紧急事件、突发事件和突发状况快速提出应急方案。

(7) 沟通能力。在越来越强调团队合作和注重团队意识的当今,沟通能力越来越被看重,良好的沟通能力能够帮助团队实现高效协作,发挥出 1+1>2 的作用。因此,招聘方会观察面试者是否具有良好的沟通能力,是否能快速融入团队,顺利地与团队成员沟通,得体地与团队外人员、组织进行正常沟通。

(8) 自控能力。自控能力主要是对面试者意志力、情绪方面的考察。现代职场工作压力以及每个人的生存压力都很大,因此要求工作者具备一定的抗压性、韧性和耐力,能够控制好自己,合理地调节情绪和心态。

(9) 工作态度。主要是考察面试者对工作的认知、期待以及应聘工作的态度,包含对于工作的热情度、信心度、愿景,对于工作成就的渴望等。

(10) 求职动机。面试官通过提问等方式考察了解面试者参加面试的原因、对工作的兴趣、追求的目标、面试应聘的职位能否满足其工作要求和期望。

3. 面试的类型

目前所使用的面试方式可归为以下几类:

(1) 常规面试。常规面试是指招聘方的负责人或者人事部门负责人对应聘者通过提问等同行业内常见形式进行的面试。

(2) 情景面试。情景面试也称为情景模拟面试,是指给定一个与工作相关的模拟情景,测试应聘者在此情境下的反应以及如何处理问题的面试。

(3) 个人面试。个人面试是指一个或者多个面试官在同一时间段内对应聘者逐个进行的面试。

(4) 集体面试。集体面试是指面试官将应聘者分为几组，以组为单位对多个应聘者进行面试或者同时间面试多个应聘者，对他们进行提问，观察不同应聘者在面试过程中的表现，以便比较优劣，进行抉择的面试。

(5) 一次性面试。一次性面试是指面试官通过一次面试即确定录用何人的面试。

(6) 分阶段面试。分阶段面试是指招聘方通过几次面试对于应聘者进行筛选的面试。

(7) 视频面试。视频面试是指利用特定的计算机软件系统，通过视频、语音、文本等多种介质的网络传输，进行实时的面试。较其他面试方式，视频面试的优点是没有面对面试官的压力，应聘者会比较放松，能够自如地展示自己；节省了招聘方和应聘方双方的时间成本和经济成本。

二、面试的准备

面试的准备包括个人自荐材料准备、心理准备、着装准备、礼仪准备以及对面试方信息资料的收集等。

1. 个人自荐材料准备

一份好的自荐材料关系着面试者能否顺利通过面试，达到自己的目的。自荐材料包括个人简历、自荐信、学习成绩单、各类奖励证书和技能展示资料。自荐材料规格与要求：A4纸，激光打印机打印，页面整洁、简明，布局合理。

(1) 个人简历。个人简历内容具体包括个人信息、面试求职意愿、教育背景、社会实践活动、实习或工作经历、所获奖励或荣誉、其他技能（如计算机、外语）。

一般而言，个人简历在排版时，个人基本信息（包括姓名、联系电话、毕业院校、电子邮箱、应聘职位，必要时也包括性别、年龄、籍贯等）在最前，其次是教育背景、实践经历以及个人的优势等内容。原则上是重要的内容在前面，不重要的内容往后排，没有的可以不写。

简历书写原则上要求精准、精练、真实，重点突出。面试时招聘方会面对海量的个人简历，因此留给每份简历的时间不会太多，面试官首先会看面试者与面试岗位是否匹配，与其他面试者相较有何优势。因此，简历写作必须内容精练、真实，突出自己的优势，且这个优势必须是和面试的职位相关的。

个人简历撰写还需要注意以下几点：

①简历开头要写清基本信息，如姓名、联系方式、学历、求职意向和应聘的职位、要求的工作地点等。这些信息放在最开头以便于面试官快速了解面试者，从而有针对性地进行提问考察。

②突出优势。对于面试组织方而言，筛选简历首先考虑的是是否合适，其次是是否优秀。因此简历的准备要有针对性，切忌一份简历包打天下，而应根据面试方的要求准备简历，突出自己的优势。如考研的面试，重点突出自己的受教育情况，对报考专业的认知以及目前所取得的成绩，以及突出学习能力和研究能力；应聘国有企业、事业单位应重点突出自己的教育背景、政治面貌等；公务员面试重点突出自己的政治面貌、教育背景、社会实践经

历以及性格稳重内敛、责任心强等；企业应聘应突出自己的沟通合作能力以及职位要求的专业能力、技能与经验。

③不能造假。个人简历绝对不能造假，即使竞争激烈，但只要有能力，一样会成功。简历造假会使面试官对面试者的诚信产生怀疑，反而不利于个人的长远发展。

④篇幅适宜。简历篇幅最好控制在一页以内，若内容都比较重要且无法删减，应在第二页写满 2/3 以上，最重要、最能体现个人优势的信息放在第一页。

成功求职从投递简历开始，投递个人求职简历需要注意以下几点：

①邮件必须要有明确的主题，如×××大学×××专业×××应聘×××职位；

②收件人的邮箱地址必须正确无误，发送简历之前必须反复核对无误后再发送；

③简历发送者的电子邮箱名字不能太孩子气。如"那年我给你的酸奶和辣条""时间搁浅""妈妈夸我好宝宝""学徒型梦魇"，甚至还有掺杂"火星文"等邮箱名。招聘方需要的是遵守社会规范的、务实的、成熟的劳动者，而不是一个尚未成熟、不负责任甚至还在叛逆期的孩子。所以要将自己的邮箱名字改得正规一些，符合成人世界的规范。

④如非招聘方有明确要求，尽量不要以附件形式发送简历。若按要求以附件形式发送了简历，也要在邮件正文里写上"已经按要求将本人简历以附件形式发送过来，烦请查收，谢谢！"

⑤"一对一"投递简历。不要为了省事而将自己的简历用 E-mail 群发。

（2）自荐信。①自荐信的格式。与常用书信格式相同，自荐信大致包括称呼、正文、结尾、落款。开头写明用人单位领导，如"尊敬的××单位人事经理/领导：您好"等字样；结尾写上"祝工作顺利"等祝福语，表明自己希望能获得一个面试的机会，最后写上自己的学校、联系电话、通信地址、姓名。②自荐信的内容。自荐信旨在向特定的某一方推荐自己，为自己赢得一个面试的机会，因此可以在自荐信中对自己进行更为详细的介绍，尽可能多地强调自己的优势，补充简历中未能详细说明的能力或经历。有效的自荐信应当明确直接地表明自己的意愿，并在此基础上进一步阐述自己与要求相匹配的学习经历或者工作实践经历，最后请求对方阅读自己的简历，给自己一个面试的机会。③写好自荐信的技巧。写好自荐信要注意文字通顺，字迹整洁，排版合理，版式清晰且无错别字，内容精练，不要堆砌辞藻；要根据面试单位的具体要求、文化、理念等撰写自荐信。

2. 心理准备

（1）面试者需要告诉自己：来参加面试的人，我未必是最优秀的，但也不会是最差的，能来参加面试说明我是合适的，至少是初步符合他们的基本要求，满足了基本条件的。我要做的就是通过面试表现让考官对我的认知实现从"合适的"到"优秀的"的转变，从而赢得面试。

（2）面试官是自己的前辈，因此必须表现出自己专业的一面和有礼貌的一面，虚心向面试官学习和请教。

（3）必须认真对待每一次面试机会，克服自视甚高的心态，拒绝无所谓的心态，不要自惭形秽。

3. 着装准备

服装能反映一个人的社会地位、思想修养、个性特征、心理状态、审美情趣等，也能反映一个人对自己、对他人以至对生活的态度。正确、得体的着装体现着一个人社会化（即一个人作为社会公民独立、成熟地遵守社会规则，参与社会活动并为社会所接纳和认可）的程度。面试者服饰穿戴要符合自己所要扮演的社会角色且要适合面试的氛围、场合。总体而言，面试着装应以精干为主。

(1) 男士面试着装。男士着装遵循三色原则，整体着装从上到下的颜色不要超过三种。面试是比较正式的场合，穿西装必须系领带，既礼貌又庄重。

上衣和裤子的搭配必须合理，要考虑整体性，不能混搭。男士穿着西装有八个禁忌需要注意：一忌西裤过短；二忌衬衫放在西裤外面；三忌不扣衬衫扣；四忌西服袖子长于衬衫袖子；五忌西服、西裤口袋里面装东西装得鼓鼓囊囊；六忌领带太短；七忌西服上装两扣都扣上；八忌西服搭配休闲鞋、便鞋。

男袜分成深色的西装袜和浅色的纯棉休闲袜两大类。需要注意不能一年四季穿白棉袜，白棉袜只用来配休闲服和便鞋。

最后，在面试前还需注意白色或者单色衬衫的领口、袖口无污渍；短指甲且保持清洁，皮鞋光亮，且是系带的正装皮鞋。

(2) 女士面试着装。女士面试着装需注意饰物要少而精；发式要合适；化妆要淡雅；香水不要过于浓烈；不留长指甲，不涂指甲油。

女士正装可以选择西装、长裤，也可以选择西装、套裙，后者更好。正装西装选单色或深色的纯天然质地的面料，不宜过紧，应当以舒适合身、符合职业要求为第一原则。

女性饰品的佩戴，除了把握少而精（同时佩戴的饰品，在总量上不应当超过三种）的原则之外还要讲究同色（力求同色，同时佩戴两件或两件以上首饰，色彩应当一致）同质，且和整体服饰的搭配相统一。另外选择饰物也要考虑身份、体型、季节等因素。

女士面试鞋子和衣裙在色彩、款式上要协调。穿裙子时，应当搭配长筒或者连裤丝袜，颜色以肉色为宜，袜口不得低于裙摆边。需注意不能穿挑丝、有洞或者补过的袜子外出。

女士着装四禁忌：一忌露，职场或正式场合不能露背或者露出肚脐等；二忌透，天气再热，也不能让内衣、内裤若隐若现；三忌乱，忌穿着太过随便，颜色过杂，饰物乱搭；四忌紧，忌过分追求曲线美，衣服过于紧身。

4. 礼仪准备

中国是一个重视礼仪礼节的国家，讲究"礼多人不怪"。在社会交往中必须遵守相应礼仪，职场也是如此。在参加面试时也要重视和遵守相应礼仪。具体包括以下方面：

(1) 面试前了解并掌握招聘方基本信息。掌握招聘方基本信息是最重要的礼仪。在接到面试通知后去参加面试之前，需要认真做功课，如通过网络等渠道收集招聘单位的更多信息并进行相应准备。需要知道企业名称、企业成立时间、企业地址、企业文化、企业发展的历史、目前企业的发展状况、业界对企业的评价、企业主要管理人员姓名等。

(2) 对面试官的尊重。无论面试前还是面试中，甚至面试后都应当对面试官体现出足够的尊重，包括对每位面试组织人员的问候致意、面试过程中礼貌得体地待人接物、认真有礼地回答每位面试官的提问、礼貌地入场和退场等。

(3) 尊重竞争对手。面试的过程中往往会遇到多人一起面试，在这个过程中大家都是竞争者，但不要因为对方是自己的竞争者就心怀敌意，或者在回答问题时过于表现自己，不给竞争者说话的机会或者打断别人讲话。须知面试者的一切行为面试官都看在眼中,急于表现自己、不尊重他人等行为会让面试官觉得不成熟、没素质、不懂得团队合作。

第二节　面试的技巧

在参加面试前要仔细审读对方的招聘岗位和条件,有针对性地进行准备。参加面试前必须清楚面试地点与自己之间的距离有多远;选用何种交通工具前往最为妥当;自己的职位在同行业的薪酬以及自己在单位大概的薪酬会是多少;之前有没有人也参加过该公司同一职位的面试,是否被录用,薪酬如何;该公司以往面试提过哪些问题、采用过何种面试方式等。

一、面试开始前:树立良好的第一印象

面试是在短时间内展示面试者的综合素质,不仅包括面试者的知识、能力、道德品质、心理素质,还包括社会交往能力与修养。第一印象的好坏很大程度上决定着面试的成功与否。获得良好的第一印象可从以下四个方面入手。

1. 守时,提早到达面试地点

守时是现代人应当遵循的一个最基本的重要礼节,准时甚至提前片刻到达,代表着对面试的重视。一个连面试都会迟到的人,面试官怎么相信他/她在以后会是一个责任心很强、尽心尽责的人呢?

2. 礼貌对待每一个人

面试中对遇到的每一个人都应当给予必要的尊重,因为其很有可能就是将来的同事或者领导。友善对待每一个人,大方得体,不过分拘谨,也不过分谦让,为自己创造一个轻松友好的氛围。

3. 得体的应酬

进入面试房间,停稳脚步后目光平视,正对考官,直背舒肩,面带微笑地向面试官打招呼,表现出自己的自信。与面试官握手时,面带微笑目视对方,上身前倾,头部略低,表示对对方的尊敬。握手结束后面试官示意就座时,说声"谢谢",后退一步从容不迫地挺直腰杆轻轻入座即可。

4. 调整心态

调整心态,使自己的心态保持在一个适度的紧张状态,不能过于紧张,也不能太过放松。最重要的是要有足够的信心。多做几次模拟练习,发现自己的不足并及时改正。

二、面试过程中:用才华征服面试官

1. 做好自我介绍

自我介绍往往是面试的第一项内容。面试官通过面试者的自我介绍可以将简历、自荐信的内容和面试者本人联系起来,加深对面试者的印象,客观评判面试者的口才、应变、心理

承受和逻辑思维等能力。对于面试者而言，自我介绍是一次展示和推销自己的大好机会，可以将简历中表达的内容进一步细化，突出自己不仅合适而且优秀。

自我介绍要做到内容重点突出，语言简洁、精练，陈述时间若无要求以不超过3分钟为宜。自我介绍陈述不是简单地复述简历，应有侧重点，如自己来面试要做什么，能做什么，通过面试后打算做什么，怎么做等。

自我介绍对于每个人而言都是很常见的。自我介绍可分为两类：一类是社交型自我介绍；另一类则是职业型自我介绍。前者是进入一个新的社交场所，想要尽快被圈子所接纳而进行的自我介绍，如"大家好！我是林乐乐，今年12岁，我上初中一年级，喜欢唱歌、看书，我家住人民南路，我最喜欢玩的游戏是三国杀，希望能和大家做朋友……"。后者则是因公出席某项活动或者参加面试时，基于拓展业务的需要或者应聘的需要而进行的自我介绍，如"各位考官，大家好！我是林乐乐，来自××大学××专业，我应聘的职位是×××……"。

2. 善于推销自己

面试过程中要通过言语巧妙地将自己的真诚热情、进取精神等反映出来；进入办公室与面试官得体地问好，缩短双方心理距离，面试过程中的言语诚恳、热情；在自我介绍和回答问题时敢于肯定自己的优势、特长与能力，善于扬长避短；注意面试过程中少使用"我"字，太多地使用"我"字显得过于强调自己，使得面试官很难和你在心理上亲近，因此，最好的办法是在恰当的时候将"我"字变为"您"字。

3. 主动且巧妙地提问

面试过程中，面试者同样可以化被动为主动，向面试官进行提问。这在面试过程中是被允许的，而且在提问过程中面试官可以感觉到面试者的热情、期望，判断面试者的水平，从而加深对面试者的印象。不仅要敢于提问，还要善于提问，提问内容要与面试或者日后的工作相关，还可以通过提问引导对方对自己的优势、特长产生兴趣，使面试向着有利于自己的方向发展。不同的问题在面试的不同阶段提出，注意提问的方式和语气要委婉。需要注意的是，不可连续发问，免得弄巧成拙，引起对方反感。

4. 巧妙解除困境

当遇到面试官难度较大或者比较刁钻的提问时，注意冷静作答，不要掉入对方的圈套。比较好的办法是，减缓语速，将面试官的提问重复一次。这样做，一是确认题目没有听错，二是争取时间想明白对方提问的真正意图，防止出现纰漏。对于自己确实不会的问题，可坦率地告诉对方；对于面试过程中出现的小的过失与失误不要过于计较，应当迅速投入后面的面试过程中。

三、面试结束后：用修养感染面试官

面试结束后应当主动轻轻地起身，避免座椅发出刺耳的声音，起立后面带微笑向面试官表示感谢并礼貌道别，从容、轻盈地退出面试房间，特别是不要将背部对着面试官，出房门前再次道谢并说再见。

面试结束后的一两天可以向具体负责的面试官发一份感谢邮件，感谢他们给你面试的机会并花费精力和时间对你进行面试。感谢信要真诚，既能体现出你的修养与热情，又不让人觉得煽情。一般而言，面试官面对大量的面试者，除了印象特别深刻的个别人之

外,大多数都比较模糊,一份真诚而又不乏热情的感谢信有助于面试官回想起关于面试者的一些印象,增加好感度,从而增大面试成功的概率。

拓展阅读

面试禁忌:说话风格过分张扬

咄咄逼人的言语、过分张扬的说话风格,往往是面试中最"伤"人的行为。自以为表现很好,实际上却因为不恰当的表达给面试官留下了不好的印象。因此,在面试中要特别注意说话方式,将原有的锋芒收敛起来,用简单、平实的描述来打动面试官。

对于身经百战的面试官来说,无论你的言语有多么的张扬,仅从你的行为和表现中他们便能发现你的本质。虽说面试是一个双向选择的过程,但是在如今就业紧张的形势下,绝大多数的求职者还是处于弱势地位。如果不想被淘汰,不想成为面试官口中的反面教材,那么在面试前就必须要认真地了解面试中的一些禁忌问题,千万别掉入自挖的陷阱。

1. 面试时语调不能太逼人

语气往往会赋予同一词语不同的含义。例如,想谢谢别人,如果用平和、温柔的语调来说,别人很快便能了解你的含义,但如果用大声、凶狠的语气说,即使是真心表达谢意,别人也会认为你说的是反话。

面试中,求职者要特别注意自己的语调。如果平时说话语速快、声音大,那就试着减缓语速、控制音量,将所要表达的内容从容地叙述出来,这样才能较容易地被别人接受。

2. 用词要三思而言

除了语调语气之外,在面试回答问题的时候,用词也需再三斟酌。平时常挂在嘴边的一些口头语,或是一些敏感带有贬义的词语,尽量不用。平时跟朋友相处,即使说一些难以让人接受的言语,朋友因为了解你的性格,也不会计较。而面试则不同,面试者与面试官,在面试前双方没有接触过,在别人不了解你性格的前提下,如果还是用平时的方式去交流,那就很难让人接受。

3. 说话不能以自我为中心

面试时,在回答问题或是个人介绍的过程中,尽量站在一个第三方的立场上,较为客观地去描述。不要总是"我认为",这样以自我为中心的话语,听的时间长了总会给人一种"王婆卖瓜自卖自夸"的嫌疑。虽说面试就是一个自我推销的过程,但如果推销得太过,肯定会让面试官厌烦。

面试中自信是好事,可是如果过于自信,那难免会成为自恋。面试是双方最直接的相互了解的过程,你的一言一行都决定着你在面试官心中的印象。如果不想被淘汰出局,那就得时刻注意自己的举止,一些不合时宜或是过分张扬的言语,一定不能随意说出口。

——来源:http://www.xzhoujob.com/News/1201412114639.html

课后练习

1. 每6~8名同学组成一个团队,每个团队为一个企业,团队每位同学都参与讨论,快速为自己的企业起一个名字,确定自己企业的经营方向、企业文化、发展战略,并设置不同的职位，选出企业的主要负责人，负责人将不同的人分配在不同的职位上。写出招聘公告，招聘员工或者管理层（20分钟）。

活动过程、规则：

（1）各团队选代表陈述选择某同学做企业主要负责人的原因（2分钟/团队）；

（2）企业主要负责人陈述将某位同学分配到某个职位上的原因（3分钟/团队）；

（3）主要负责人或者负责人事工作的同学上台发布本组招聘公告（3分钟/团队）；

（4）各团队根据所发布的招聘公告选择一个企业准备应聘面试，各团队派出1名同学代表本组进行面试，各团队负责人再选出一名同学共同担任面试官，组成面试组。每组代表的面试时间为5~7分钟。

活动目的：

通过扮演不同角色模拟面试，使得同学们明白招聘方与应聘方思维的差异，懂得如何准备自己的面试。

2. 某公司有以下几个职位需要招聘新员工，请你针对某个职位写一份求职简历：

（1）软件开发工程师；

（2）软件测试工程师；

（3）软件销售人员；

（4）动画设计师；

（5）日语/英语翻译。

模块三　演讲篇

第十章

演讲概述

★导学案例

　　在人类历史上有很多我崇敬的演说家，像马丁·路德·金，像曼德拉，都非常好。但是大家千万别认为演说家都是好人，演说家里面也有恶棍，也有流氓，也有刽子手。我今天在这里演讲，来说语言的力量，就必须提到一个人，那就是人类历史上最臭名昭著的流氓演说家阿道夫·希特勒。

　　希特勒年轻时想当个画家，但他水平有限，没考上艺术学院，就当兵去了。不知道在什么时候，他发现自己在演讲方面特别有才能。在慕尼黑的小啤酒馆里演讲，使他名声大噪。希特勒的演讲非常有特色，他刚开始的时候一般都抱着膀子，然后轻声细语地跟你慢慢地聊，就像邻家大哥一样，但是接下来他的语速就会加快，力量就会加强。他的演讲很有魔力，可以让人群情激愤，热血沸腾。我不知道希特勒自己信不信那些种族主义的鬼话，但在当时的德国就有数以百万计的人对他信得五体投地。他们真的相信希特勒才是民族唯一的希望；他们真的相信日耳曼人有最高贵的血统，必须去统治世界；他们真的相信当时德国的所有社会问题都是犹太人造成的，必须把犹太人斩尽杀绝，这样伟大的日耳曼民族才有崭新的明天。

　　希特勒是个演讲的天才，但是他根本不爱他的人民，他说，说什么不重要，重要的是怎么说；他说，人民大多数都是愚蠢的，人民、年轻人是用来牺牲的，人民只要不思考，那就是政府最大的幸福。希特勒非常重视语言的力量，他要求德国每一个家庭都必须有一台收音机，他让德国最好的导演给纳粹拍宣传片。摄像机和无线电广播随时跟在他左右，记录他的言行，你在德国的广场、商店、酒吧任何一个角落，都能听到他的演讲。德军但凡攻占一个城市，做的第一件事就是占领当地的广播站。当地电台的主持人可以继续工作，但是播音的时候，背后一定站着一个荷枪实弹的德国士兵。德国纳粹最猖獗的时期，他们所控制的广播电台可以用27种不同的语言对外进行广播。而这27种语言只传递一种思想，那就是希特勒的思想。希特勒是个演讲的天才，每当他组织大型的公众演讲、政治宣传时，你可以看到他用语言的力量把人民的思想都掏空了，这些人就像行尸走肉一般追随他，然后去执行他那些灭绝人性的命令，而且心甘情愿地为他去流干身上的最后一滴血。整个民族都在他的演讲中陷入了癫狂。

但是在地球的另外一边，美国第三届总统杰斐逊先生，也就是美国《独立宣言》的主要起草人，他花了一辈子的时间，终于把言论自由定进了美国宪法第一修正案。其实言论自由本来就是有利有弊的，当时对言论自由也没有一个清晰的法律界定，而且杰斐逊本人也被各种报纸的谩骂和攻击搞得痛苦不堪，但是即便这样，他还是要保护新闻自由，他说一定要去保护他们撒谎和造谣的权利。杰斐逊相信新闻自由是美国民主的根基。他说，如果让我来决定，是要一个没有报纸的政府还是要一个没有政府的报纸，我一定会坚决地选择后者。正是在杰斐逊先生的努力之下，我们看到一代又一代的美国新闻人在美国宪法第一修正案的保护下，用新闻自由捍卫了社会的底线。

当然，美国的资本主义制度也存在很多的问题，就像马克思所说的资本，从它来到这个世界的那一天起，它的每个毛孔都流着血污，但是言论自由就是它的净化剂，世界上没有哪种社会制度是完美无瑕的，任何一个国家都必须伴随对它的批评才能成长。这个世界上只有言论自由和新闻自由才能保证一个国家不至于沦落到弱肉强食的地步。

我们现在知道了这个世界上有像希特勒这样的暴君，也有像杰斐逊这样的先贤。他们最大的相同点是都认识到了语言的力量。语言从来都是一把双刃剑，语言的力量如果掌握在魔鬼手中，它一定会发出邪恶的力量。但关键的问题是，谁是魔鬼谁是天使，谁是好人谁是坏人，善与恶真的那么容易分辨吗？真的那么清楚吗？魔鬼不是经常给自己穿一身华丽的外衣，然后满嘴仁义道德吗？怎样才能让语言发挥正义的力量，就好像说如果权力不经控制，必将导致腐败，同样的道理，语言的力量被垄断了，它就一定会走向邪恶。德国哲学家说，书籍被焚毁的地方，人迟早也会被焚毁。如果有人已经剥夺了你说话的权利，那么接下来剥夺你的性命简直易如反掌。

新闻自由和言论自由是能保证语言发挥正义力量的唯一方法。要想让语言发挥它正义的力量，有且唯有一种方法，就是让语言的力量互相制衡。让好人说话，也得让坏人说话，让聪明的人说话也得让愚蠢的人说话，让高贵的人说话也得让平庸的人说话。只有这样，才能让真理越辩越明，让谣言不攻自破，只有这样才能防止语言变成独裁者统治人民的工具，变成暴君践踏百姓的枷锁。朋友们，要想让语言发挥它正义的力量，有且唯有一种方法，那就是去坚持伏尔泰先生送给我们的那句格言：虽然我不同意你所说的话，但我誓死捍卫你说话的权利。（选自北京卫视大型原创新锐语言竞技真人秀节目《我是演说家》，陈秋实作品）

★学前问题

1. 演讲者应该持以什么样的价值观？
2. 演讲的核心内涵是什么？
3. 我们应该重视演讲的哪些作用？

第一节　演讲的含义和特征

一、演讲的含义

演讲是由演讲者和听众共同参与完成的一种重要的人际交往沟通形式，是演讲者在特定时间、特定环境中，面对听众运用有声语言和态势语言抒发情感、表达观点、阐述事理的语言信息交流活动，是人类口语中最具有美学价值的一种表达方式。其中，演讲者作为演讲的实施主体，具有核心地位，对演讲的进行具有绝对主导权，对演讲效果的成败负直接责任；听众作为客体，处于支配地位，受演讲者影响，对演讲效果有直接评价权利。时间和环境是制约演讲者发挥和听众感受的客观因素，对演讲者影响最大。

从演讲者角度来看，要理解演讲的含义，应从两个方面着手：一方面，要把握演讲的"演"，就是演讲要具有感染力，富有鼓动性，要声情并茂，也即要充分利用语言、态势以及演讲环境，将演讲所要表达的内容、观点、事理艺术化，赋予演讲艺术美感；另一方面，要注意演讲的"讲"，要求演讲的内容具有逻辑性、平实真切和应景应人，充分梳理演讲内容的前后关系，做到所讲内容条理清晰、逻辑连贯、易于听众理解，进而达到讲述内容被听众接受的实际效果。

从听众角度来讲，要把握演讲含义，也应从两个方面着手：一方面，要理解演讲者的"演"，演讲者将个人感情色彩融入演讲内容中，是对文字内容的艺术升华，具有一定的夸张和拔高，是艺术的展现；另一方面，要着重把握演讲者的"讲"，演讲者往往将个人所思、所悟融入演讲语言中，同时附以动作态势将观点形象化，听众应对演讲者阐述的形象化观点、看法报以审慎态度，对符合人类发展规律的，要理解并付诸实践。

二、演讲的特征

演讲作为一种实用性强的社会交往活动形式，有其自身鲜明的特征，掌握这些特征有助于人们更准确地理解演讲的实质，从而促进演讲水平的提高。

1. 视觉、听觉的统一

演讲者面对广大听众，通过口头语言，以声波传播的形式，将自身对某类问题的理解、意见、看法等，传达到听众耳中，给人以听觉感受。与此同时，演讲者还借助态势语言以及自身形象，将所要阐述的观点、意见形象化，让听众看到演讲者肢体语言表达的内容。演讲者只有充分融合语言和动作态势，将二者完美结合，才能真正创造出视觉、听觉统一的高水准演讲，也才能易于听众理解和接受。

2. 融合现实社会性

演讲作为人类社会的重要活动形式，具有极强的社会性，它不是单个人的行为，必须由演讲者和听众共同完成。所以演讲效果的达成，要求内容具有针对性，必须符合听众的实际需要，如果忽略听众实际情况，难以引起听众感触，更难以产生实际演讲效果。所以，在进行演讲时，既要将演讲活动建立在演讲者与听众平等参与的基础上，也要充分考虑演讲者所讲述内容是否符合听众需要。充分处理好二者关系，才能真正实现演讲的价值和作用。

3. 艺术化的感染性

演讲是口语表达的高级形式。演讲者在实施演讲过程中，要求演讲语言易于听众理解，尽可能地将演讲所要表述的观点通俗化；同时，要求演讲者充分利用姿态和声音，将演讲形式艺术化。这种艺术化的演讲呈现，就是要声音和姿态魅力升华，给听众以高于日常讲话的感受，进而感染、打动听众。

4. 有逻辑的综合性

一场完美生动的演讲，必然是演讲内容逻辑符合科学规律，以及演讲者良好思维状况的展现。演讲者传达给听众的信息，层次结构越清晰，逻辑性越强，便越能引起听众注意。但逻辑性仅仅只是做好演讲的基础。事实上，演讲是一个系统工程，是在特定的时间和环境下，演讲者综合逻辑、修辞、音韵、朗读、表情、动作、体态等因素，作用于演讲所要表现出来的信息，以尽可能地给听众充分的思维空间和艺术感受，促成听众理解，甚至是接受演讲传递的信息。

5. 鲜明的阶级色彩

演讲作为一种社会交流活动，发生在人与人之间的社会交往中，而演讲者往往带有强烈的感情色彩，这种感情色彩的产生带着鲜明的时代和阶级烙印。拥有不同社会地位和不同社会阶级的演讲者，代表着不同的演讲立场。

在掌握了演讲的特征和本质的基础上，在实践演讲活动中，要克服两种不良倾向：一种是只"讲"不"演"，只作用于听众的听觉器官而不作用于听众的视觉器官，只注重演讲的实用性而忽略了演讲的艺术性，缺少动人的主体形象和表演活动，使演讲不伦不类，干巴枯燥，因而削弱了演讲的效果；另一种是一味过分地"演"，只作用于听众的视觉器官而不作用于听众的听觉器官，追求相声、评书、故事等其他艺术表演技巧，冲淡了演讲的现实性、实用性和严肃性，显得滑稽、夹生，也难以起到演讲应有的作用。

第二节　演讲的作用

在人类历史发展进程中，演讲作为人们语言和姿态的艺术表现，有着强烈而广泛的社会作用，也有着不可估量的社会价值和极其深远的历史意义。正是这种对人类社会发展持续性的影响，使得演讲这门语言艺术经久不衰。简单来看，对演讲作用的认识，应从演讲者和听众两个角度来理解。

第一，从演讲者的角度来看，演讲的作用主要表现在以下三个方面：

（1）有助于演讲者自我成长。演讲家能演绎出历久弥新的演讲，不是天生带来的本领，也不是一朝一夕练成的。演讲家需要通过不断反复练习实践，才能形成自身独特的演讲风格，从而创造出历久弥新、影响深远的演讲。在反复练习的过程中，演讲者不断总结自身的不足和经验，从而为最终成就打下良好基础，实现自我成长。

（2）有助于演讲者自我发展。随着互联网信息技术日益成熟，人们生产生活交往愈发紧密，人与人之间的信息交流传播愈发迅速，演讲自然也引来了互联网时代的挑战。如今的演讲者，只要获得听众认可，很有可能被传播到网络上，迅速地扩大影响范围。这时，演讲者良好的言行举止将受到人们的广泛关注，甚至成为人们效仿的表率。对于演讲者的长远发展来说，通过这种演讲优势，将为其赢得更多的发展空间和机会。

（3）有助于演讲者自我完善。拥有良好的口才，善于言谈，尤其是能够从容不迫地在公众场合公开发表演讲，是发挥出自身才智的重要途径。演讲作为人类口语中最高级、最完善、最具有美学价值的一种表达形式，它集中了演讲者哲学、美学、逻辑学、心理学、教育学、语言学等方面的基本理论和知识。掌握了演讲技能并付诸实践，能使人们增长才干，开阔眼界，陶冶情操，培养气质，展示形象，扩大知名度，提高事业的成功率。而且，在学习演讲和演讲实践的过程中，人们的口语表达能力、敏锐观察能力、深刻分析能力、敏捷思维能力、准确判断能力、机智应变能力和记忆能力都会得到极大的锻炼，演讲本身就是演讲者不断自我完善的过程。

第二，从听众的角度来看，演讲的作用主要表现在以下五个方面：

（1）真理启迪。演讲者通过演绎、归纳阐述观点，往往带有理性教育性，旨在向听众说明事理，阐明真理，启发听众对社会和人生的正确认识。

（2）情感激发。演讲者在演讲时，情感饱满，精神抖擞，以情感人，赋予演讲生命力，给听众以现场情感渲染，伴随着情感激发阐述观点，是演讲激发听众同情、理解等情感不可缺少的作用。

（3）信息传播。演讲者通过语言和态势以及借助时境向听众传播知识和信息，是演讲的重要目的。

（4）传递美感。真正的演讲通常是有声语言和态势语言的综合呈现，这种充分展现语言艺术和态势美感的过程，对于听众来说，本身就是一场视觉和听觉的盛宴，在听取演讲的同时，也能够欣赏到语言和态势完美结合的魅力。

（5）伸张正义。马克思哲学讲，人类社会是在曲折中向前发展的。这种曲折无时无刻不伴随着真、善、美与假、丑、恶的对抗。在这个对抗过程中，人们无不是利用演讲工具，向听众申明正义，与假、丑、恶做斗争。在这个过程中，演讲宣扬真理，向恶势力"开炮"，让听众醒悟，进而推动社会前进。

★案例10-1

这几天，大家晓得，在昆明出现了历史上最卑劣、最无耻的事情！李先生究竟犯了什么罪，竟遭此毒手？他只不过用笔写写文章，用嘴说说话，而他所写的，所说的，都无非是一个没有失掉良心的中国人的话！大家都有一支笔，有一张嘴，有理由拿出来讲啊！有事实拿出来说啊！（闻先生声音激动了）为什么要打要杀，而且又不敢光明正大地来打来杀，而偷偷摸摸地来暗杀！（鼓掌）这成什么话？

今天，这里有没有特务？你站出来！是好汉的站出来！你出来讲！凭什么要杀死李先生？（厉声，热烈的鼓掌）杀死了人，又不敢承认，还要诬蔑人，说什么"桃色事件"，说什么共产党杀共产党，无耻啊！无耻啊！（热烈的鼓掌）这是某集团的无耻，恰是李先生的光荣！李先生在昆明被暗杀，是李先生留给昆明的光荣！也是昆明人的光荣！

去年"一二·一"昆明青年学生为了反对内战，遭受屠杀，那算是青年的一代献出了他们最宝贵的生命！现在李先生为了争取民主和平而遭到了反动派的暗杀，我们骄傲一点说，这算是像我这样大年纪的一代，我们的老战友，献出了最宝贵的生命！这两桩事发生在昆明，这算是昆明无限的光荣！

反动派暗杀李先生的消息传出以后，大家听了都悲愤痛恨。我心里想，这些无耻的东西，不知他们是什么想法，他们的心理是什么状态，他们的心怎样长的！（捶击桌子）其实简单，他们这样疯狂地制造恐怖，正是他们自己在慌啊！在害怕啊！所以他们制造恐怖，其实是他们自己在恐怖啊！特务们，你们想想，你们还有几天？你们完了，快完了！你们以为打伤几个，杀死几个就可以了事，就可以把人民吓倒了吗？其实广大的人民是打不尽的，杀不完的！要是这样可以的话，世界上早没有人了。

你们杀死一个李公朴，会有千百万个李公朴站起来！你们将失去千百万的人民！你们看着我们人少，没有力量？告诉你们，我们的力量大得很，强得很！看今天来的这些人都是我们的人，都是我们的力量！此外还有广大的市民！我们有这个信心：人民的力量是要胜利的，真理永远是要胜利的，真理是永远存在的。历史上没有一个反人民的势力不被人民毁灭的！希特勒，墨索里尼，不都在人民面前倒下去了吗？翻开历史看看，你们还站得住几天！你们完了，快了！快完了！我们的光明就要出现了。光明就在我们眼前，而现在正是黎明之前那个最黑暗的时候。我们有力量打破这个黑暗，争到光明！我们的光明，恰是反动派的末日！

现在司徒雷登出任美驻华大使，司徒雷登是中国人民的朋友，是教育家，他生长在中国，受的是美国教育。他住在中国的时间比住在美国的时间长，他就如一个中国的留学生一样，从前在北平时，也常见面。他是一位和蔼可亲的学者，是真正知道中国人民的要求的，这不是说司徒雷登有三头六臂，能替中国人民解决一切，而是说美国人民的舆论抬头，美国才有这转变。（被删减部分）

李先生的血不会白流的！李先生赔上了这条性命，我们要换来一个代价。"一二·一"四烈士倒下了，年轻的战士们的血换来了政治协商会议的召开；现在李先生倒下了，他的血要换取政协会议的重开！我们有这个信心！

"一二·一"是昆明的光荣，是云南人民的光荣。云南有光荣的历史，远的如护国，这不用说了，近的如"一二·一"，都是属于云南人民的。我们要发扬云南光荣的历史！

反动派挑拨离间，卑鄙无耻，你们看见联大走了，学生放暑假了，便以为我们没有力量了吗？特务们！你们看见今天到会的一千多青年，又握起手来了，我们昆明的青年决不会让你们这样蛮横下去的！

反动派，你看见一个倒下去，可也看得见千百个继起的！

正义是杀不完的，因为真理永远存在！

历史赋予昆明的任务是争取民主和平，我们昆明的青年必须完成这任务！

我们不怕死，我们有牺牲的精神！我们随时像李先生一样，前脚跨出大门，后脚就不准备再跨进大门！

以上案例是1946年7月闻一多在李公朴追悼会上所做的讲演，即著名的《最后一次演讲》。演讲中，闻一多先生对以蒋介石为首的国民党反动派的倒行逆施做出了深刻的揭露和批判，严厉声讨反动派的无耻罪行和卑劣行径，高度颂扬了李先生为民主与和平而献身的爱国主义精神，号召广大人民群众站起来，一起与反动派做坚决的斗争。

（6）方向引导。演讲的核心目的在于让听众因感而动，听众通过演讲获得对社会事物的认知，明确行动方向，进而以这种认知和方向指导实践行动，这是演讲的最高宗旨。听众因感而动，是成功演讲的重要表现。不能够给听众行动引导方向的演讲，往往都是肤浅、表面的，不会给社会带来深远价值影响。

★案例10-2

在这个严峻的时刻，这个有史以来便注定无可避免的时刻，我向每一位民众，不论你是在境内还是在海外，以我最深沉的心情，向你们每一位，传递这样一个消息。

对于我们中的大多数人来说，我们将迎来第二次战争。

我们曾经无数次寻求和平的方式，以解决与敌国的纠纷和争端。但是这一切都是徒劳。

我们被迫面对这场纠纷。我们将和友国一起去挑战一个主义。如果这种主义得行其道，这个文明世界将毁于一旦。

这个主义允许统治者包揽私利，追求权力，忽视和平和庄严的承诺，而用武力威胁其他国家的独立和自主。

这种主义，褪去伪装，不过是原始的暴力制裁和对武力的崇尚。如果这个主义得以散布全世界，我们英联邦各个国度的自由也将面临覆灭。

但远不止于此，世界人民将困在恐惧的束缚之中，所有国度对和平、安全、正义和自由的希望，也将终止于此。这将是我们最大的问题。

为了我们珍视的一切，为了这个世界的秩序与和平，我们必须面对这场挑战。

为了这个崇高的目标，我请求我的国度和海外的人民，将这个信念谨记。

在时间的审判前，我请求我的人民保持镇定和团结。

这是一场艰难的任务。我们将面临黑暗的岁月，战争将不再拘泥于烽烟战场，我们将虔诚地向上帝许诺，为了自己的信念和正义而奋斗。只要我们信仰坚定，做好准备为了未来而牺牲，在上帝的保佑下，我们终将胜利。

上述案例是电影《国王的演讲》中英国国王乔治六世的演讲词。乔治六世从小害羞、口吃，加之他的哥哥爱德华王储非常优秀，在很多人看来，他并没有继承王位的可能。他和妻子伊丽莎白在远离公众的平静生活中逍遥度日，抚养两个女儿。但随着老国王身体衰弱，哥哥主动下台，他不得不临危受命。因此，他开始想方设法克服口吃，最后在"民间医生"莱纳尔·罗格的帮助下，通过广播发表了一篇鼓舞人心的圣诞节演讲，号召英国人反抗法西斯，成为第二次世界大战中激励英国人斗志的重要因素。

以上所列举的演讲的作用，是在古今中外一切优秀的成功的演讲基础上归纳概括出来的。实际上单独一场演讲的作用往往只侧重体现某些方面，并且不同的主题和内容的演讲，其作用也各不相同。因此，对演讲的自身作用和社会作用，应从具体情况出发，实事求是，做出科学的历史唯物主义的评价。

拓展阅读

说话的学问

说话很有学问,从大处讲,一言兴邦,一言亡国,涉及外交辞令,一言不慎,就可以挑起事端,刀兵相见;从小处讲,一言不慎,误解,争执,甚至多年交情毁于一旦。

想想这说话的学问,其实是很让人后怕的。

说话是最容易的事,也是最难的事。最容易,因为三岁的孩子也会说话;最难,因为最擅长辞令的外交家也有说错话的时候。

话说得好,小则可以讨喜、动人,大则可以保身、兴邦。远有苏秦、张仪游说诸侯,战争格局为之改变;诸葛亮说服孙权,三国鼎立之势成。

话说得不好,小则树敌、伤友,大则丧命、失江山。孔子之教有四科:德行、言语、政事、文学。言语仅次于德行,可见它的重要。由于一言之闪失,导致兵戎相见、血流成河的浩劫,在中外历史上屡见不鲜。

说话是一种技巧,更是一门艺术。一句恰到好处的话,可以改变一个人的命运,一句言不得体的话,可以毁掉一个人的一生。职场上,每个人每一天和同事、领导难免有话要说;家庭中,同妻子、丈夫、父母、孩子必须进行交流;社交时,同朋友、客户势必联络感情。说什么,怎么说,什么话能说,什么话不能说,这些都需要我们掌握说话的艺术。在注重人际沟通的现代社会,说话的艺术也就是成功的艺术。

会说话,可以帮你办好难办的事。同一个问题变换不同的说话方式将得到截然不同的效果。有求于人,想要拉近关系;遇到僵局,想要无形化解;遭到拒绝,想要说服对方,都需要掌握说话的艺术。说好难说的话,才能办好难办的事。

会说话,可以助你掌握通达的做人智慧。说话没分寸,没艺术,即使是赞扬的话,别人也充耳不闻。说话有分寸,讲方法,即使是批评的话,别人也乐于接受。

会说话,可以帮你成为社交高手。如何同上司说话,如何同客户沟通,如何拒绝朋友,如何抚慰家人,人情网中,拿好语言之矛,才能攻破人心之盾。

会说话,可以助你掌握圆通的处世之道。在人生的各个场合,在什么情况下、对什么人、在什么时机说话,都要讲求艺术性。对方豪爽,就说直率的话;对方保守,就说稳妥的话;对方崇尚学问,就说高深的话。这是语言之道,也是处世之道。

小狗对小猫说:你猜猜我的口袋里有几块糖?小猫说:猜对了你给我吃吗?小狗点点头:嗯,猜对了两块都给你!小猫咽了咽口水说:我猜五块!然后,小狗笑着把糖放到小猫手里,说:我还欠你三块。

这不是低智商的笑话,而是,因为爱你,所以允许了你的小贪心。小狗很会说话,小猫也很会听话。小猫听出小狗话的玄机,所以小猫就允许了小狗的小小作弊。

会说话有时要和会听话配套。

我们说的对牛弹琴,实际上就是说话的和听话的不配套。对牛弹琴不见得是坏事,关键是没有找到知音。世界上恐怕没有不喜欢音乐的。牛不想听,有两个原因,一是牛厌烦弹琴者,二是牛对这首曲子不喜欢,但并不能推论牛对其他曲子也不喜欢。

说话,要找到知音。

我在一个单位上班时，有一个人喜欢夸夸其谈，好多人喜欢听，把他的话当作童话故事去听，也有人不想听，认为是听觉污染。可见，知音是关键因素。

"见人说人话，见鬼说鬼话"，会说话，好做人，相反，不会说话就不会做人。

你喜欢某一个人，但说话却不知让步，不知委婉，不知曲径通幽，其结果可想而知。喜欢某一个人，就要把世界上最美丽的语言奉献给他，要毫不吝惜，这也是说话的技巧。

厌恶一个人，也需要说话技巧，要"王顾左右而言他"，不伤害他，不攻击他，不热不凉，不温不火，不急不躁，娓娓道来，有话则长，无话则短，实在无话可说，就闭上嘴巴。

说话的最大学问就是有时说了对方听不懂，钻牛角尖，这样就坏了，很好的友谊也伤害了。哎，那种情景真是有苦说不出。

说话的学问其实就是没事时少说为佳，我们说，话多有失，这话一点不假。

有的人口无德，在他嘴下没有好人，每个人都是攻击对象。

有的人口无遮，话一出口，就像箭离弦炮弹出口，不可收回。

这两种人估计都不受人喜欢，其原因就是话多。

我有个朋友，心地善良，缺点就是喜欢说话、喜欢调侃，结果往往会让人误解，让人认为不能与他这个人交往，原因是听他说话太多，知道他的想法太多，结果不敢交往了。朋友后来知道此事，肠子都悔青了：我哪有这种水平、这种境界、这种奢望，只不过是图一个语言痛快、酣畅淋漓而已。

看来说话也真难，说也累，不说也累，闭上嘴巴又没滋味。

现代社会是一个很开放的社会，开放的社会为语言表达提供了较为广阔的环境，但是，痛定思痛之后，我们还是应该牢记：见人少说三句话，未敢全抛一颗心。

文章快写完时，忽然想起佛教一句话叫十善业道：一、不杀生；二、不偷盗；三、不邪淫；四、不恶口；五、不两舌；六、不妄语；七、不绮语；八、不贪；九、不嗔；十、不痴。这十善业道中，说话的学问就包括不恶口、不两舌、不妄语、不绮语。由此看来，说话大有学问，不敢诳语。

——来源：https://www.lookmw.cn/doc/zvymni.html

课后练习

1. 说话与演讲有何区别？
2. 演讲的本质是什么？
3. 如何理解演讲的作用？演讲对当代大学生有何现实意义？

第十一章

演讲稿的设计

★导学案例

　　现在青年的第一弱点，就是把事情看得太容易，其结果不是侥幸，便是退却。因为大凡做一件事情，在起初的时候，很不容易区别谁为杰出之士，必须历练许多困难，经过相当时间，然后才显得出谁为人才，其所造就方才可靠。近来一般人士皆把事情看得容易，亦有时凑巧居然侥幸成功。他们成功侥幸得来，因之他们凡事皆想侥幸成功。但是天下事哪有许多侥幸呢？于是乎一遇困难，即刻退却。所以近来人物一时侥幸成功，则誉满天下；一时遇着困难废然而返，则毁谤丛集。譬如辛亥革命侥幸成功，为时太速，所以当时革命诸人多半未经历练，真才不易显出。诸君须知凡侥幸成功之事，便显不出谁是勇敢，谁是退却，因之杂乱无章，遂无首领之可言。假使当时革命能延长三年时间，清廷奋力抵抗，革命诸人由那艰难困苦中历练出来，既无昔日之侥幸成功，何至于有今日之纷纷退却。又如孙中山之为人，私德尚好，就是把事情看得太容易，实是他的最大弱点。现在青年只有将这个弱点痛改，遇事宜慎重，决机宜敏速，抱志既极坚确，观察又极明了，则无所谓侥幸退却，只有百折千回以达吾人最终之目的而已。

　　现在青年第二个弱点，就是妄想凭借已成势力。本来自己是有才能的，因为要想凭借已成势力，就将自己原有之才能皆一并牺牲，不能发展。譬如辛亥革命，大家皆利用袁世凯推翻清廷，后来大家都上了袁世凯的当。历次革命之利用陆荣廷、岑春煊，皆未得良好结果。若使革命诸人听由自己的力量，一步一步地去做，旗帜鲜明，宗旨确定，未有不成功的。你们的少年中国学会，主张不利用已成势力我是很赞成的。不过已成势力，无论大小，皆不宜利用。宗旨确定，向前做去，自然志同道合的青年一天多似一天，那力量就不小了。唯最要紧的须耐得过这寂寞的日子，不要动那凭借势力的念头。

　　现在青年的第三个弱点，就是虚慕文明。虚慕那物质上的文明，其弊是显而易见的。就是虚慕那人道主义，也是有害的。原来人类性质，凡是能坚忍的人，都是含有几分残忍性，不过他时常勉强抑制，不易显露出来。有时抑制不住，那残忍性质便和盘托出。譬如曾文正破九江的时候，杀了许多人，所杀者未必皆是洪杨党人，那就是他的残忍性抑制不住的表示，也就是他除恶务尽的办法。这次欧洲大战，死了多少人，用了若干钱，直到德奥屈服，然后停战。我们试想欧战四年中，死亡非不多，损失非不大，协约各国为什么不讲和呢？这就是欧美人做事彻底的表现，也就是除恶务尽的办法。现在中国是熙熙为仁的时代，既无所谓坚忍，亦无所谓残忍，当道者对凶横蛮悍之督军，卖国殃民之官吏，无不包容之奖励之，决不妄杀一个，即所谓人道主义。今后之青年做事皆宜彻底，不要虚慕那人道主义。

现在青年第四个弱点，就是好高骛远。在求学时代，都以将来之大政治家自命，并不踏踏实实去求学问。在少年时代，偶然说几句大话，将来偶然成功，那些执笔先生就称他为少年大志。譬如郑成功做了一篇小子当洒扫应对进退的八股，中有汤武证诛，亦洒扫也；尧舜揖让，亦进退也；小子当之，有何不可数语。不过偶然说几句话而已，后人遂称他为少年有大志。故现在青年之好高骛远，在青年自身当然亟应痛改。即前辈中之好以（少年有大志）奖励青年者，亦当负咎。我想欧美各国青年在求学时代，必不如中国青年之好高骛远。大家如能踏踏实实去求学问，始足与各国青年相竞争于 20 世纪时代也。

——来源：https：//www.douban.com/group/topic/2322548/

★学前问题

1. 请分析上述演讲稿的行文结构和特色之处？
2. 你认为，撰写演讲稿最重要的是什么？

第一节　演讲稿的立意

演讲稿就是通常所说的演讲词，它是在某些正式场合、特定环境中使用的一种常见文体，是演讲的基础和依据，也是演讲前的情感主张或某些方面经验的书面表达，具有较强的真理启发、宣传教育和艺术价值。

演讲稿的优劣取决于演讲稿的立意是否积极、新颖、明确、深刻。演讲稿的方向和中心意思表达，对演讲主题的确定，起着至关重要的作用。在撰写演讲稿时，应对立意予以足够重视。

1. 要让演讲稿中心明确，立意清晰

不论演讲稿长短、佐证材料多寡，都应在撰写演讲稿时，做到中心明确，立意清晰。一篇演讲稿，只有一个中心、一个主题、一个核心观点，所有的阐述文字都围绕中心展开，所有的佐证材料都指向主题，所有的分论点都是论证核心观点。这样，听众才能清晰地跟随演讲的节奏，理解演讲的内容和意图。

★案例 11-1

大英帝国和法兰西共和国在他们的事业和需要上联系在一起，将保卫他们的土地，相互帮助，像他们的同志一样，竭尽全力。尽管大片的欧洲和许多古老的著名国家已经落入或可能落入盖世太保和所有纳粹统治的可恶机构之中，但我们不会有失败的迹象。我们将继续前进，我们将在法国作战，我们将在海洋上作战，我们将以越来越大的信心和越来越大的力量在空中作战，我们将保护我们的岛屿，无论如何，我们将在海滩上作战，我们要在登陆场上作战，我们要在田野里和街上作战，我们要在山上作战。我们决不会投降，即使这个岛屿或其中很大一部分人已被征服或正在挨饿，但是在我们帝国的海上，有英国舰队武装和守卫，将继续斗争，直到世界繁荣。我们将竭尽全力，拯救和解放旧世界，走向新世界。

以上案例是温斯顿·丘吉尔在1940年6月4日发表的《我们将战斗到底》的演说，全文始终围绕坚持战斗的核心，义正词严地表达了在世界反法西斯战争中坚持到底的决心，给了人民极大的鼓舞，也极大地唤起了前线士兵的战斗意志。

2. 要让演讲稿富有新意，立意新颖

富有新意的演讲，往往与时代紧密联系，针对听众关心的热点问题。同时，在这些热点问题的认识上，演讲者有自身独具一格的认识和见解。要做到演讲富有新意，立意新颖，无外乎选用的讲话角度新颖、佐证的材料新颖。要想演讲角度和材料新颖，必须注重平日的勤思考、多积累、多学习、多读书，从其他优秀文章中汲取精华，并结合自身和听众的需求，创造出符合时代特征和社会需要的演讲内容。

3. 要让演讲稿见解独到，立意深刻

不论演讲的成败、规模大小，都必须要让演讲稿中有自己的观点看法。人们生产生活中，或多或少对社会和周遭环境都有感受和体会。作为演讲者所讲内容应该来源于生活，应该是在正确世界观、价值观、人生观指导下对社会的深刻感知认识，从而让自己的独到见解感染听众。同时，演讲稿要做到立论深刻、论据充分可靠、论证严密。要选取合适的角度，深入阐述，见解新颖，独具一格。

4. 要让演讲稿催人上进，立意积极

演讲要抒发正义情感，传递正能量，给人鼓舞振奋，发人深省，使人醒悟奋起，激发人们的上进心。这就需要演讲稿立意充满积极因素。一方面，选取的佐证材料要有深刻的内涵，并饱含正义和积极的思想，能够在佐证演讲稿观点的同时，本身又具有十分积极的借鉴意义；另一方面，要明确中心思想的积极性，在中心思想积极的基础上，各分论点，不论是从正面还是反面精练，都应该围绕传递正能量的积极导向进行。

第二节　演讲稿的结构

在互联网时代，演讲越来越成为人们工作、生活、学习中的重要社交活动。不论是作为演讲者还是听众，了解演讲，学习演讲，已然成为生活中的一项重要内容。而演讲稿是演讲的基石，它始终贯穿于演讲活动中，对演讲的成败起着重要作用。故学习演讲稿的撰写规律，对提高演讲实效有着不可忽视的价值。演讲稿是特定场合使用的文体，与日常所写文章结构差别不大，只是演讲稿的开头和结尾更加具有技巧和艺术性。因此，演讲稿的结构主要由三部分组成，即开头、正文和结尾。元代文人乔梦符谈到写"乐府"的章法时提出"凤头""猪肚""豹尾"之喻。这道出了天下文章写作的真谛，演讲稿作为一种应用文，事实上也需要开头像凤头那样精彩、正文像猪肚那样充实、结尾像豹尾一样有力。

一、凤头：语出惊人，吸引听众注意

演讲稿的开头，也称演讲开场白，在演讲稿结构中处于首要地位，具有重要作用。出彩的演讲稿开头，能够立即抓住听众的注意力，让听众一开始就关注演讲，把握住演讲者所要表达的中心意思，并引起思考。有了听众的持续关注，演讲也才能持续地进行下去。如同凤头般的演讲开场白，是演讲成功的基础。

演讲开场白方式多种多样，不同的人也会根据自身特点选择不同的开场方式。但通常较为实用的开场白方式有如下几种。

1. 直入式：开门见山，拔刀亮剑

演讲一开始，演讲者就直入主题，不绕弯子，不设任何悬念，直截了当地向听众亮明自己的立场和观点。

★案例 11-2

今天我的讲题是："少读中国书，做好事之徒。"我来本校是搞国学院研究工作的，是担任中国文学史讲课的，论理应当劝大家埋头古籍，多读中国的书。但我在北京，就看到有人在主张读经，提倡复古。来这里后，又看到有些人老抱着《古文观止》不放。这使我想到，与其多读中国书，不如少读中国书好。

尊孔，崇儒，读经，复古，可以救中国，这种调子，近来越唱越高了。其实呢，过去凡是主张读经的人，多是别有用心的。他们要人们读经，成为孝子顺民，成为烈女节妇，而自己则可以得意恣志，高高骑在人民头上。他们常常以读经自负，以中国古文化自夸。但是，他们可曾用《论语》感化过制造"五卅"惨案的日本兵，可曾用《易经》咒沉了"三一八"惨案前夕炮轰大沽口的八国联军的战舰？

你们青年学生，多是爱国、想救国的。但今日要救中国，并不在多读中国书，相反地，我以为暂时还是少读为好。少读中国书，不过是文章做得差些，这倒无关大事。多读中国书，则其流弊，至少有以下三点：一、中国书越多读，越使人意志不振作；二、中国书越多读，越想走平稳的路，不肯冒险；三、中国书越多读，越使人思想模糊，分不清是非。正是因为这个缘故，我所以指窗下为活人的坟墓，而劝人们不必多读中国之书。

你们青年学生，多是好学的，好读书是好的，但是不要"读死书"，还要灵活运用；不要"死读书"，还要关心社会世事；不要"读书死"，还要注意身体健康。书有好的，也有不好的；有可以相信的，也有不可以相信的。古人说："尽信书，则不如无书。"那是从古史实的可靠性说的。我说有的可以相信，有的不可以相信，则是从古书的思想性说的。你们暂时可以少读中国古书，如果要读的话，切不要忘记：明辨，批判，弃其糟粕，取其精华。

其次，我要劝你们"做好事之徒"。世人对于好事之徒，往往感到不满，认为"好事"二字，好像有"遇事生风"的意思，其实不然。我以为今日的中国，这种"好事之徒"却不妨多。因为社会一切事物,就是要有好事的人,然后才可以推陈出新,日渐发达。试看哥仑布的探新大陆,南生的探北极,以及各科学家的种种新发明,他们的成绩,哪一件不是从好事得来的?即如本校,本是一片荒芜的地方,建校舍来招收学生,其实也是好事。所以我以为"好事之徒",实在没有妨碍。

我曾经看到本校的运动场上,常常有人在那里运动;图书馆的中文阅览室,阅报看书的人,也常常满座。这当然是好现象。但西文阅览室中的报纸杂志,看的人却寥寥无几,好像无关紧要似的。这就是不知好事,所以才有这种现象。不知西文报纸杂志,虽无重大关系,然于课余偶一翻阅,实在也可以增加许多常识。所以我很希望诸位,对于一切科学,都要随时留心。学甲科的人,对于乙科书籍,也可以略加研究,但自然以不妨碍正课为限。一定要这样,才能够略知一切,毕业以后,才可以更好地在社会上做事。

但是,各人的思想境遇不同,我不敢劝人人都做很大的好事者,只是小小的好事,则不妨尝试一下。比如对于凡可遇见的事物,小小匡正,便是。但虽是这种小事,也非平时常常留意,是做不到的。万一不能做到,则我们对于"好事之徒",应该不可随俗加以笑骂,尤其对于失败的"好事之徒",更不要加以讥笑轻蔑!

上述案例是1926年10月14日鲁迅在厦门大学周会上所做演讲。演讲词开篇直入主题,开门见山,干脆利落,拔刀亮剑,给人以简洁明快的感受,使听众迅速理解,激发斗志。

2. 陈述式:背景事实,娓娓道来

这种开头方式是选取新近发生的国际国内大事要闻热点,调动听众猎奇的心理,引起听众关注演讲。但对要闻热点的选取必须紧扣主题,围绕主题分析解说。否则,会让听众抓不住重点,不知所云。

★ 案例11-3

巴顿将军在某次战前演讲时,开头说道:"弟兄们,最近有些小道消息,说我们美国人对这次战争想置身事外,缺乏斗志。那全是一堆臭狗屎!美国人从来就喜欢打仗。真正的美国人喜欢战场上的刀光剑影。你们今天在这里,有三个原因。"因为巴顿将军大胆地选用了新近发生的传闻,来剖析鼓励战士勇敢战斗,反而起到了积极的效果,使得士兵们在战场上勇往直前。

3. 发问式:问题引导,引人入胜

演讲稿开头,通过提出问题,直指演讲中心思想,引导听众对演讲问题的思考,进而引起听众继续往下听的欲望。随着演讲的持续进行,演讲的主题也随之引发听众共鸣。

★ 案例11-4

闻一多在1946年7月的李公朴追悼会上,演讲开头说:"这几天,大家晓得,在昆明出现了历史上最卑污、最无耻的事情!李先生究竟犯了什么罪,竟遭此毒手?他只不过用笔写写文章,用嘴说说话,而他所写的,所说的,都无非是一个没有失掉良心的中国人的话!大家都有一支笔,有一张嘴,有理由拿出来讲啊!有事实拿出来说啊!为什么要打要杀,而且又不敢光明正大地来打来杀,而偷偷摸摸地来暗杀!这成什么话?"他这种开头连续掷地有声地向听众发问,表明自己要痛斥以蒋介石为首的国民党反动派的倒行逆施的立场。

4. 引用式:名言警句,发人深省

以耐人寻味的名人名言或者古诗词为开头点题,从而引出下文,引发听众兴趣和思考。

★ 案例11-5

在一篇《给灵魂一个支点》的演讲稿中,开头就很精彩:"阿基米德说:'给我一个支点,我能把地球撬起来!'我说:'给我一个支点,我能把灵魂支撑起来!'"这种引用名言的开头方式,很好地阐明了演讲者的中心思想。

5. 即兴式:临场应变,机智感人

依据演讲现场环境和景物,阐述观点和道理。同时,在特殊情况下,处理突发情况,随机应变,即兴开头,增进与听众的心灵交流,缩短与听众间的距离,增强演讲的临场现实感和感染力。

★ 案例11-6

有一女演讲员在观众的掌声中楚楚动人地走上讲台,一不小心,在台边摔倒,观众大惊。女演讲员站起后,不慌不忙走到话筒前,开口说的第一句:"谢谢大家,我刚才是被大家的掌声倾倒了。"语音未落,台下响起热烈的掌声。

6. 忠告式:讲明利害,引起警觉

这种演讲稿开头方式,常见于极为严肃的演讲中。演讲者依据现实情况,以忠告的姿态,讲明某些事态的利害关系,从而引起大家的警觉,让听众产生一种迫切感甚至是危机感。

★ 案例11-7

全中国的同胞们,平津危机!华北危急!中华民族危机!只有全民族实行抗战,才是我们的出路!我们要求立刻给进攻的日军以坚决的反攻,并立刻准备应付新的大事变。全国上下应该立刻放弃任何与日寇和平苟安的希望与估计。

——中国共产党为日寇进攻卢沟桥通电(1937年7月8日)

7. 悬念式:引经据典,营造悬念

采用铺设悬念的方式作为演讲稿的开头,一般采用经典、精彩的故事作为引子。由于故事情节往往具有触目惊心、扣人心弦的优势,故而用在演讲开头,通常能够营造悬念重重的情景和氛围,让听众对即将发生的演讲充满期待。

★ 案例11-8

在《母爱,世间至纯无私的爱》主题演讲中,一位选手这样开头:"这是一个真实的故事。2006年11月的一个拂晓,市郊发生了一起特大交通事故,一辆客车从数十米高的悬崖上跌下。初步勘验,全车二十余人无一幸免。突然,从尸体堆里传出一个婴儿孱弱的哭声。扒开尸体,原来是一个不满周岁的婴儿正伏在一位已经死去的年轻妇女怀里啼哭。这位妇女后被证实是婴儿的母亲,她的双手呈拱拢状紧紧将婴儿护在怀里。为抱出孩子,民警和医护人员费了好大的劲才将她已经僵硬的手臂掰开。车祸发生时,绝大多数人都在沉睡。也许是谁的呼号惊醒了这位年轻的母亲,在客车下坠的瞬间,母亲的本能使她改变了自己的求生本能,她没有双手抱头,而是用两条柔弱的胳膊和温厚的胸脯为婴儿构筑了一个安全的'生命巢'……"这个故事惨烈惊险,扣人心弦,与主题紧密联系,很快吊起了听众的胃口,使听众产生了急于听下去的强烈欲望。故事中的年轻母亲在灾难降临时舍生救儿的壮举震撼着每一位听众的心,牢牢地吸引了在场听众的注意力,为展开阐述母爱的无私、伟大的演讲主题做了良好的铺垫。

8. 换位式:立足听众,直面问题

换位思考,以听众的角度撰写演讲稿的开头。这要求对听众有直接深刻的认识,对听众的心理特征把握准确,才能起到良好效果。

★案例 11-9

长沙理工大学经管学院刘绍勤教授在演讲与口才课程中布置《你心中的另一半》的演讲题目时,为给学生们破题,讲了如下一番话,他说:"在下的同学们,大家渴望爱情吗?在座的各位都有女朋友,都有男朋友了吗?大家想过没有,你心中能够与你执子之手与之偕老的另一半是什么样子吗?我相信,大家都有一个理想中的他和她,正所谓'哪个少女不怀春,哪个俊男不钟情'。下面,就请各位同学上台来说说你的另一半吧。"这番话,看似平淡无奇,事实上却饱含对学生的理解和关心,能说出这样的话一定是因为对学生有深刻的了解,对他们的兴趣爱好比较熟悉,这样自然而然就能够引起听众的共鸣。

二、猪肚:有条不紊,注重层次分明

演讲稿的正文是整个演讲的主体,内容要充实饱满,要能够承担起演讲核心观点的论证和阐释作用。演讲稿的正文,如同常见文体一样,也应该有重点层次和段落中心语句,结构上至少应该有总分的行文规矩。通常而言,为了便于演讲的具体实施和听众理解,演讲稿的正文可以按照时间顺序、空间顺序排列组织各段中心句和论据。同时,演讲中的论据材料,要尽可能口语化,并做好段落和材料之间的衔接,做到上下连贯,前后呼应,有条不紊,杂而不乱。总体上来讲,演讲稿正文的撰写要注意以下几个方面:

(1)层次分明,易于辨识。演讲稿是用于演讲过程中的文章,在没有演讲前,很大程度上,只有演讲者本人清楚文章的行文结构,这时并没有得到听众认可。听众从演讲者的语言和态势中获取信息,尤其是语言信息,如果前后不一致,杂乱无章,必定会让听众听得云里雾里,难以抓住演讲者的论述重点。为了有效避免这种情况的发生,演讲者事前一定要在演讲稿中对中心论点和分论点进行清楚明了的标记,比如用首先、其次、最后或者第一、第二、第三等词语进行过渡,既能够增强演讲者的思路连接,又能有效地引导听众理解演讲的中心观点。

（2）张弛有度，把握节奏。演讲稿必然要以演讲者的语言和态势融合呈现出来，那么就必然要考虑演讲的节奏。演讲节奏既不能一味追求穷追猛打，也不能漫不经心。在演讲稿中，要学会让演讲内容变化无穷，跌宕起伏。即要适当埋好"包袱"，设计好兴趣爆炸点，比如插入幽默语句、经典诗文或奇闻逸事，旨在让演讲脱离理论说教和平淡乏味的讲理，让听众感受到演讲正文的饱满。

（3）过渡变换，巧妙自然。演讲稿正文部分，某种程度上具有阐述事理的巧妙耦合性。从结构上讲，正文部分涵盖了大量的演讲信息，段落多，材料杂。这就需要注意各段落之间的紧密联系，要自然过渡，合理地切换各分论点，从整体上赋予演讲稿以完整性，从而将演讲的中心思想传递给听众。

三、豹尾：铿锵有力，给人留下余香

演讲稿的结尾，可长可短，可繁可简，可以不拘一格，但一定要铿锵有力，能够给人留下深思和回味。演讲时，演讲者通常会采用名言警句或者反问的方式，以一句话的形式结尾。这种结尾方式，让人回味无穷，能给人留下深刻印象。

★案例 11-10

电视剧《亮剑》中，赵刚在做战前动员演讲时，他结尾说："我要说的是，不管有多大的牺牲，这都是我们必须要承受的代价，因为我们是军人，我们肩负着守土抗敌的使命和责任！我们不牺牲，难道还要我们的父老乡亲牺牲吗！同志们！尽管敌众我寡，实力悬殊，但是我们敢于与敌人以命相搏，杀出一条血路！狭路相逢勇者胜，我们要杀出独立团的威风！"他以这种铿锵有力的坚定信念结尾，对激发战士斗志起到了良好作用。

拓展阅读

"研究国故"的方法

研究国故，在现时确有这种需要。但是一般青年，对于中国本来的文化和学术，都缺乏研究的兴趣。讲到研究国故的人，真是很少，这原也怪不得他们，实有以下两种原因：一、古今比较起来，旧有的东西很易现出破绽。在中国科学一方面，当然是不足道的；就是道德和宗教，也都觉浅薄得很，这样当然不能引起青年们的研究兴趣了。二、中国的国故书籍，实在太没有系统了。历史书，一本有系统的也找不到；哲学也是如此。就是文学一方面，《诗经》总算是世界文学上的宝贝，但假使我们去研究《诗经》，竟没有一本书能供给我们作研究的资料。原来中国的书籍，都是为学者而设，而非为普通人、一般人的研究而作。所以青年们要研究，也就无从研究起。我很希望诸君对于国故，有些研究的兴趣，来下一番真实的工夫。对于国故，亟应起来整理，方能使人有研究的兴趣，并能使有研究兴趣的人容易去研究。

"国故"的名词，比"国粹"好得多。自从章太炎著了一本《国故论衡》之后，这"国故"的名词于是成立。如果讲是"国粹"，就有人讲是"国渣"，"国故"（National Past）这个名词是中立的。我们要明了现在社会的情况，就得去研究国故。古人

讲，知道过去才能知道现在。国故专讲国家过去的文化，要研究它，就不得不注意以下四种方法：

一、历史的观念。在一般青年，之所以对国故没有研究兴趣，就在于没有历史的观念。我们看旧书，可当它作历史看。清乾隆时，有个叫章学诚的，著了一本《文史通义》，上边说"六经皆史也"。我现在进一步来说："一切旧书——古书——都是史也。"本来历史的观念，就不由然而然地生出兴趣了。如道家炼丹修命，确是很荒谬的，不值识者一笑。但本了历史的观念，看看它究竟荒谬到了什么田地，亦是很有趣的。把旧书当作历史看，知他好到什么地步，或是坏到什么地步，这是研究国故方法的起点，是叫"开宗明义"第一章。

二、疑古的态度。疑古的态度，简要言之，就是"宁可疑而错，不可信而错"十个字。譬如《书经》，有今文《尚书》和古文《尚书》之别。有人说，古文《尚书》是假的，今文《尚书》有一部分是真的，余外一部分，到了清时，才有人把它证明是假的。但是现在学校里边，并没有把假的删去，仍旧读它全书，这是我们应该怀疑的。至于《诗经》，本有三千篇，被孔子删剩十分之一，只得了三百篇。《关雎》这一首诗，孔子把它列在第一首，这首诗是很好的。内容是一很好的女子，有一男子要伊做妻子，但这事不易办到，于是男子"寤寐求之"，连睡在床上都要想伊，更要"悠哉悠哉，辗转反侧"呢！这能表现一种很好的爱情，是一首爱情的相思诗。后人误会，生了许多误解，竟牵到旁的问题上去。所以疑古的态度有两方面好讲：一、疑古书的真伪；二、疑真书被那山东老学究弄伪的地方。我们疑古的目的，是在得其"真"，就是疑错了，亦没有什么要紧。我们知道，没有哪一个科学家是没有错误的。假使信而错，那就上当不浅了！自己固然一味迷信，情愿做古人的奴隶，但是还要引旁人亦入于迷途呢！我们一方面研究，一方面就要怀疑，才能不上老当呢！如中国的历史，从盘古氏一直相传下来，年代都是有"表"的，"像煞有介事"，看来很是可信。但是我们要怀疑，这怎样来的呢？根据什么呢？我们总要"打破砂锅问到底"，究其来源怎样，要知道这年月的计算，有的是从伪书来的，大部分还是宋朝一个算命先生，用算盘打出来的呢。这哪能信呢！我们是不得不去打破它的。

在东周以前的历史，是没有一字可以信的。以后呢？大部分也是不可靠的。如《禹贡》这一章书，一般学者都承认是可靠的。据我用历史的眼光看来，也是不可靠的，我敢断定它是伪。在夏禹时，中国难道竟有这般大的土地吗？四部书里边的经、史、子三种，大多是不可靠的。我们总要有疑古的态度才好！

三、系统的研究。古时的书籍，没有一部书是"著"的。中国的书籍虽多，但有系统的著作，竟找不到十部。我们研究无论什么书籍，都宜要寻出它的脉络，研究它的系统。所以我们无论研究什么东西，就须从历史方面着手。要研究文学和哲学，就得先研究文学史和哲学史。政治亦然。研究社会制度，亦宜先研究其制度沿革史，寻出因果的关系，前后的关键，要从没有系统的文学、哲学、政治等里边，去寻出系统来。

有人说，中国几千年来没有进步，这话荒谬得很，足妨害我们研究的兴趣。更有一外国人，著了一部世界史，说中国自从唐代以后，就没有进步了，这也不对。我们是定要去打破这种思想的。总之，我们是要从从前没有系统的文学、哲学、政治里边，以客观的态度，去寻出系统来的。

四、整理。整理国故，能使后人研究起来，不感受痛苦。整理国故的目的，就是要使从前少数人懂得的，现在变为人人能解的。整理的条件，可分为形式与内容两方面：

（一）形式方面，加上标点和符号，替它分开段落来。

（二）内容方面，加上新的注解，折中旧有的注解。并且，加上新的序跋和考证，还要讲明书的历史和价值。

我们研究国故，非但为学识起见，并为诸君起见，更为诸君的兄弟姊妹起见。国故的研究，于教育上实有很大的需要。我们虽不能做创造者，亦当做运输人——这是我们的责任。

——来源：《中外书摘：经典版》2016年第11期，96－97页

课后练习

1. 演讲稿的立意需要注意哪些方面？

2. 你认为胡适所做的《"研究国故"的方法》演讲稿的中心思想是什么？传递了什么信息？

第十二章

演讲的技巧

★导学案例

南北朝的时候，北齐出了一个昏庸的皇帝，名字叫高纬。高纬亡国的直接原因不是兵力不强，战马不壮，将帅不勇，而是因为自己的一次战前演讲。这个原因说起来令人好笑。

高纬是历史上出了名的昏庸而又无知的皇帝。他广选天下美女，纳入后宫，封为嫔妃。他的嫔妃有500余人，创历史之最。他有一个宠妃，名叫冯小怜。冯小怜之美，据说紧跟中国的"四大美女"之后，排名第五。高纬常常把她带在身边，不离左右。高纬为了向大臣们炫耀自己的宠妃之美，竟然让冯小怜脱光衣服，睡在金銮殿上，让大臣们参观。这就是"玉体横陈"这个成语的来历，实在有些不可思议。

玉体横陈的事儿在当时影响很大，很快就传到了北周皇帝的耳朵里。北周皇帝早就对北齐虎视眈眈。但是，由于师出无名，加之北齐有斛律光这样的名将，因此不敢轻举妄动。现在，高纬如此昏庸，北周皇帝就打着替天行道的名号，亲自率领大军，兵分三路，向北齐发动了大规模的进攻。

北周的军队攻陷了晋州，大将斛律光组织军队进行反攻。斛律光采取了挖地道的办法攻城。他的军队悄悄地从城外挖了几条地道，想通过地道把军队送进城，奇袭敌军。可是，这事儿被高纬知道了。高纬的爱妃冯小怜想到地道里观光旅游。于是，高纬命令斛律光暂停进攻，让冯小怜旅游过后再攻城。这一耽误，就失去了战机。北周大举反攻，把北齐的军队打得四散奔逃。

北周的军队一路打到了北齐的都城邺城，把邺城围了一个水泄不通。这时候，邺城还有10万精锐之师，战将数十员，粮草无数。他们完全可以守住邺城，等待援军，甚至可以对北周进行反击。

大敌当前，士气非常重要。北周的军队是皇帝御驾亲征，又打了几个胜仗，士气很旺。北齐的士气比较低落。为了鼓舞士气，斛律光建议高纬到军营里做一次演讲，以此鼓舞士气。

高纬只会贪图享受，哪里会什么演讲呀！为了确保演讲成功，斛律光提前写好了演讲稿，送给高纬。他向高纬奏道："万岁在演讲的时候，一定要声泪俱下，要打动将士们的心弦。演讲结束，万岁还需要亲自到战地医院，看望安抚伤员！"

按理说，斛律光的安排已经够周密了。可是，高纬还是有些害怕。因为，他除了与宫女们嬉戏之外，还从来没有在那么多人面前演讲过。但是，兵临城下，不去演讲是不行的。高纬经过一番准备，终于带着他的宠妃冯小怜和一群太监出发了。

军中的将士们听说皇帝要亲自前来慰问，都很激动，早早地在校场上列队等候。他们从早晨天没有亮一直等到快要中午的时候，终于把皇帝等来了。

皇帝下了车，一手搂着漂亮的冯小怜，一手拿着讲演稿，登上了点将台。台下，10万大军齐齐地跪下，高呼万岁！礼仪完毕，高纬开始演讲。他看了看台下的将士，黑压压的一大片，都把眼睛齐齐地望着他。这一看，高纬的心里便慌了。

高纬心里一慌，拿着演讲稿，竟然一句话也说不出来。他望着士兵，"嘿嘿嘿"地傻笑。他这一笑，宠妃冯小怜也开始傻笑。冯小怜一傻笑，身边的太监们也开始傻笑。台上的人一笑，台下的将士也跟着笑。于是，台上台下，笑成了一片。傻笑过后，高纬一句话也没有说，便搂着冯小怜的腰，穿过士兵队伍，上车走了。

士兵们一句安慰或者鼓动人心的话也没有听到，倒是瞻仰了皇帝的宠妃冯小怜的美丽。士兵们的心寒了——我们在前方卖命，皇帝却在后方玩女人。如此昏庸的皇帝，我们还保他何用？于是，当天晚上，就有人打开城门，把北周的军队放了进来。

邺城失陷，高纬把责任全算到了斛律光的身上。他杀了斛律光，把皇位传给了自己的8岁的儿子。然后，自己带着冯小怜，逃出了邺城。高纬逃到青州，就被北周的军队追上了。北周皇帝杀了高纬父子，把冯小怜卖到了青楼做了妓女。自此，北齐灭亡。

一次不成功的演讲，毁掉了一个国家，不能不令人深思！

——来源：《芳草（经典阅读）》2012年第9期，作者：田野

★学前问题

1. 试分析北齐皇帝高纬的演讲有哪些瑕疵。材料给了我们什么启示？
2. 演讲可以通过后天训练提高，你认为要提高演讲水平，应从哪几个方面入手？
3. 处在网络时代的我们应该如何提高演讲技能？

第一节　语音训练技巧

著名戏剧表演理论家斯坦尼斯拉夫斯基曾说："语言即音乐。在舞台上讲话，这种困难并不亚于歌唱的艺术，它要求有很好的修养和高超的技术。"演讲者登台演讲，既需要良好的文化修养，也需要高超的语言表达技巧。良好的语言表达，可以通过后天勤苦训练习得。在语音训练过程中，要认真练好发声的方法、技巧、语音、语调、语速等基本功。

生活中，人们对饱满圆润、悦耳动听的声音，对吐字清晰、字正腔圆的演讲，往往能够以饱满热情去聆听。而对干瘪无力、嘶哑干涩的声音，对发音不准、含糊不清的演讲，则很难提起兴趣。演讲中，我们的思想、观点是通过声音表现出来的。因而，练就悦耳动听的声音，掌握正确的发音方法，是演讲训练的首要环节。

一、让嗓音富有磁性

优美嗓音是良好语音呈现的前提。因此，首先要通过训练让自己的嗓音变得富有磁性而不沙哑。

美国前总统林肯年轻时声音沙哑，说话中时而还夹杂着让人难受的尖锐高音，这显然不是适合当众发表演讲的嗓音。然而，通过长期刻苦的演说训练，林肯最终让自己的嗓音变得动听并富有磁性，为其总统梦的实现打下了良好基础。

练就富有磁性的好嗓音，基本的要求是：持久、有力、准确、清晰、圆润。为了达到这些要求，要进行如下训练。

1. 呼吸训练

气息是声音的动力来源，充足、稳定的气息是发音的基础。演讲时，欲达到较好的运气发声效果，应以胸腹式联合呼吸法为主。这种呼吸方法，简单而言，就是收缩小腹，以丹田的力量控制呼吸。具体方法如下：

吸气：小腹向内即向丹田收缩，相反，大腹、胸、腰部同时向外扩展，可以感觉到腰带渐紧，前腹和后腰分别向前、后、左、右撑开的力量。用鼻吸气，做到快、静、深。

呼气：小腹差不多始终要收住，不可放开，使胸、腹部在努力控制下，将肺部储气慢慢放出，均匀地外吐。呼气要用嘴，做到匀、缓、稳。在呼气过程中，语音一个接一个地发出后，组成有节奏的有声语言。

要处理好演讲和呼吸的关系，还必须注意以下几点：

第一，呼吸要轻松。吸气要迅速，呼气要缓慢、均匀，吸入的气量要适中。

第二，换气要自然。在演讲中的自然停顿处换气，不要等讲完一个长句才大呼大吸，以免显得讲话很吃力。还要根据自己的气量来决定是否用不便停顿的长句，不要为了渲染和增强表达效果而勉强为之。否则，会适得其反。

第三，态势要正确。演讲时的姿势要利于自然轻松地呼吸。无论是站姿还是坐姿，都要抬头舒肩展背，胸部要稍向前倾，小腹自然内收，双脚并立平放。这样发音的关键部位胸、腹、喉、舌等才能处于良好的呼吸准备和行进状态之中。呼吸顺畅，方可语流顺畅。

2. 声带训练

科学研究发现，人类的声音源于声带，声音是通过气流振动声带而发出来的，而发音的音响、音高和音色则是由声带的振动频率决定的。一个人的声音是否动听，很大程度上取决于其声带的好坏。因而，在先天因素的基础上，对声带进行后天的训练和保护，是拥有一副好嗓子最直接和最有效的措施。

声带训练的最基本方法是，清晨在空气清新处"吊嗓子"：吸足一口气，身体放松，张开或闭合嘴，由自己的最低音向最高音发出"啊"或"咿"的连续声响。

科学运用声带。首先，在声带长时间运动之前，声带要做准备活动。具体运用方法是：

将声带放松，用均匀的气流轻轻地拂动它，使之发出细小的抖动声，然后逐渐加大到一定分量，使声带启动，以适应即将到来的长时间运动。其次，演讲时，发音要轻松自然，处理好节奏、停顿，特别是起音要高低适度，控制好音量，充分利用共鸣器的共鸣作用；要运用"中气"的助力来说话，不能直着嗓子叫喊，否则，声带负担过重会导致声带很快不堪重负，变得嘶哑，影响效果。

3. 共鸣训练

声带所产生的音量是很小的，只占人们讲话时音量的5%左右，其他95%左右的音量，需要通过共鸣腔放大得来。共鸣腔是决定音色的重要发音器官，直接引起语音共鸣的是声带上方的喉、咽、口、鼻四腔，此外，胸腔和头腔也有共鸣作用。说话用声以口腔共鸣为主，以胸腔共鸣为基础。共鸣器以咽腔为主又可分为高、中、低三区共鸣。高音共鸣区，即头腔、鼻腔共鸣，音流通过该区共鸣，可以获得高亢响亮的声音。中音共鸣区是咽腔、口腔共鸣，该区是语音的制造场，是人体中最灵活的共鸣区，音流在这里通过，可以获得圆润的声音。低音共鸣区，主要是胸腔共鸣，音流通过该区共鸣，可以获得浑厚低沉的声音。

正确地运用共鸣器，首先要使整个发音的声道畅通无阻。胸部舒展自如，喉部放松滑润，脊背自然伸直，以便声音不憋不挤，形成一个声柱流畅地奔涌出来。其次，要对声音进行合理控制。借助共鸣器的加工、锤炼，可以让声音变得洪亮、圆润、雄浑、优美动听。

二、语音训练

话语以声音表达出来，而语音的表现形式是多变的，主要表现在音量的轻重、音调的高低、语速的快慢、节奏的强弱等方面。同一句话，用不同的说话方式表达出来，效果相差很大甚至截然相反。

1. 吐字归音

吐字是说话的基础，也是演讲的基本要求。吐字清晰是学习演讲必须练习的一项重要基本功。我国传统说唱艺术理论中，将咬字方法总结为四个字，即吐字归音。它将一个音节的发音过程分为出字—立字—归音三个阶段。出字是指声母和韵头（介音）的发音过程，立字是指韵腹（主要元音）的发音过程，归音是指音节发音的收尾（韵尾）过程。其基本要领是：出字要准确有力，又叼住弹出之感；立字要拉开立起，明亮充实，圆润饱满；归音趋向要鲜明、迅速"到家"，干净利索。

汉字的音节结构分为声、韵、调几个部分。声，又叫字头；韵，分为韵头、韵尾、韵腹三个部分；调，体现在韵腹上。一个汉字的音程很短，大多在三分之一秒。要在短短的时间内兼顾声韵调和吐字归音，必须从日常训练开始严格要求：①出字——要求声母的发音部位准确、弹发有力。②立字——要求韵腹拉开立起，做到"开口音稍闭，闭口音稍开"。③归音——干净利落，不可拖泥带水。尤其是 ing 等做韵尾时，要注意口型的变化。

汉字音节声母、韵母、声调要读准。辅音声有 21 个，练习要严格掌握发音部位和发音方法，发音要有力。韵母有 39 个，练习时控制好口腔的开合、唇形的平展圆敛及舌头的升降伸缩。

根据普通话的读音标准，校正自己的地方音和习惯音。也就是要注意常见的平舌音和翘舌音，鼻音和边音，送气音和不送气音，前鼻音和后鼻音等。

在吐字训练中，还要注意到位练习，即口型和发音器官操作到位的练习。韵母在形成口型时作用最大，讲话中的每一个音节都离不开韵母。在讲话时，有的人有意无意地会出现图省事的情形，嘴巴没张到应有的程度，或者嘴、齿、舌、鼻、喉、声带等器官动作不够协调，于是就发生"吃字""隐字""丢音"或音量过小、吐字不准等现象，如有人把"政治家"念成"整治家"或"针织家"，有人将"公安局"念成"官局"等。总之，发音不到位，会造成歧义，产生误解，不能准确地表情达意。

2. 读句训练

吐字归音训练与读句训练是紧密相连、相辅相成的。读句训练就是选择一些有一定难度的语句、段落，进行快读训练，要求把音读准，不增减字、词，不重不断，停顿自然，有节奏，连贯流畅。其目的是训练演讲时语句干净利索，出口成章，不拖泥带水，把习惯性的口头语逐渐减少，直至完全消除。

3. 音量训练

音量是指声音的强弱、大小。它主要取决于气息和共鸣器。不少人在演讲中把握不好自己的音量，或大或小，前者对身体消耗太大，不利于恰当地表情达意，后者会造成听众听不清甚至听不见的现象。因此，音量的把握也需要必要的训练。在训练的过程中要注意：①不论在何种场合，音量都要适中，不可太大或太小。②根据听众的多少和场所的空间大小来确定自己的音量，要使在场的所有听众都能毫不费力地听清你的演讲。③根据演讲的氛围和内容来确定音量的大小。比如，演讲纪念性、追悼性的内容，音量不宜太大；演讲祝贺、声讨、动员性的内容，音量可以大一些。④根据演讲内容的长短来确定音量的大小。一般来说，演讲内容较短，音量可以稍大；演讲内容较长，音量可以稍小，以免因为音量较大，持续时间较长，使嗓音嘶哑。

4. 音高训练

要清楚什么是音高，应先清楚什么是音域。音域是指某一乐器或人声所能发出的最低音到最高音之间的范围。音高则是指人讲话时所使用的音域。音高取决于发声体的振动频率，频率越高，声音越高。每个人的声带条件都不一样，发音的技巧也不相同，所使用的音域不同，从而音高也就不同。

通常情况下，人们讲话时使用的音域范围只有一个8度，多数情形下，只有4.5度。在文章内容情绪激昂的情形下，也不能把8度全用上（偶尔要用高8度音），因为时间稍长，会感到非常吃力，高低起伏太大。因此，在练习把握高音时，要依据自己的声带情况而定，并且要留有余地，不要将自己音域中的高音用尽，否则会给人"声嘶力竭"的感觉。

另外，还必须注意，起音的音高一定要把握好，要适中，起音太高或太低都会给后面的演讲带来困难。一旦起音偏高或偏低则应及时进行调整。

第二节　演讲的态势语言

演讲是以有声语言（讲）为主，以得体、优美的态势语为辅。在演讲过程中起着辅助作用的态势语是不可缺少的，将态势语充分合理地运用在演讲中，能有效地提高口语表达的准确性，也能吸引听众的注意力。准确、恰当地运用态势语言是演讲者必须掌握的一门基本功。

演讲不仅是有声语言的传递，也是无声语言作用于情感的自然表达。无声语言，简单来说，就是通过面部表情、体态、手势进行思想情感交流和信息传播的一种方式，也称体态语或态势语。通常演讲中的态势语大致包括表情语、体态语、手势语。

一、表情语

演讲者的表情受两种因素的制约：一是对听众的态度，二是所讲的内容。对听众而言，表情的基调是微笑，它是招人喜欢的秘诀；就内容而言，表情应丰富多彩，喜怒哀乐都可出现。

在整个面部表情中，最鲜明、最突出、最能反映深层心理的是眼睛的神态，即眼神。人的喜怒哀乐、爱憎好恶都能从眼神中表现出来，甚至能表达出用言语难以表达的极其微妙的思想感情。演讲者要学会用眼睛说话，把自己真实的感情流露在眼睛里，随时运用眼睛与听众交流感情。

运用眼神的方法主要有五种。

1. 前视法

前视法即视线平直向前流动的方法。它要求表演者的视线平直向前流动、统摄全场。

一般来说，视线的落点应放在全场中间部位，听众的脸上。在此基础上适当地移动视线，照顾到全场听众，并用弧形的视线在全场流转。这样，可使每个听众都感到表演者在关注自己，从而引起听众的注意，同时也有利于演讲者保持端正良好的姿态，随时注意会场的气氛和听众的情绪。

2. 环视法

环视法即用眼睛环视听众的方法，要求表演者的视线，从会场的左右前后迅速来回扫动，不断地观察全场，与全体听众保持目光接触，增强双方的情感交流，将前视法与环视法结合起来，既可观察到听众的心理变化，还可检验表演效果，控制全场听众的情绪。

3. 专注法

专注法即把视线集中到某一点或某一方面的方法，要求表演者的视线有重点地观察个别听众或会场的某一个角落，并与之进行目光接触，同个别听众交流感情。这种方法既可以启发、引导听众，也可以批评、制止不守纪律的听众。

4. 斜视法

斜视法即把眼珠向左或向右移动的方法。这既可表现对左右观众的关注，同时，配合面部表情，又可表现喜欢或鄙夷的情感。

5. 虚视法

虚视法即似看非看的方法。这种方法既可表现对左右观众的关注，减轻表演者的心理压力，还可表示思考，把听众带入想象的境界。

演讲者学会了"用眼神助说话"，就很容易撩拨人的心弦。演讲时最忌讳的是从始至终用一种眼神，这样会给人呆滞、麻木的感觉。但是眼睛也不能无目的地乱转、偷看评委或死盯讲稿。

二、体态语

演讲者要表现稳定优美、舒坦自然的姿态，就必须学会运用体态语言。体态是指表演者的身体姿态和身体动作。它也是一种塑造表演者形象、辅助口语传情达意的无声语言，主要由表演者的头、身躯和脚三部分组成。

1. 头部语

头为仪容的主体，它的位置应当平正闲适，而不要偏侧倾斜，头部动作不宜过多，应该和身躯手势相应。

头部语表情达意的方法一般有：点头表示赞同，摇头表示否定，低头表示谦逊或忧虑，昂头表示勇敢或高傲，后仰表示软弱或失望，倾斜表示得意或愉悦，左右微摇表示怀疑或不忍，前突表示惊讶或逗趣，微倾表示观察或思考，直立表示庄严或坚强。

2. 身姿语

身姿语是通过身体的姿态的变化来进行表达的一种无声语言。它包括站姿语、坐姿语、步姿语等。

（1）站姿语。站姿语即通过站立的姿态进行表达的一种无声语言。演讲中标准的站姿是全身挺直，挺胸收腹，两肩平齐，腿要绷直。

在演讲中，对站姿的要求，有如下几种忌讳：

①两脚并拢、昂首挺胸，很有精神，却显呆板，不能给人自然美。

②两脚叉开，不能给人谦虚的感觉。

③呈"稍息"姿态，一只脚还在不停地抖动，给人不严肃、不稳重的印象。

④摆弄衣角、纽扣，低头不面向听众，给人胆怯之感。

⑤耸肩或不停地晃动身体，扭腰，将手插入兜内，给人懒散的感觉。

男士和女士的脚的摆放的区别；男士的脚呈"稍息"姿态，两脚之间距离不能太小或太大。女士的脚呈"丁字步"，前脚放在后脚的1/3处，两只脚之间的夹角呈45°，站立时，重心应放在前面那只脚上。

男士和女士的手的摆放的区别：男士和女士的手都可以合拢来放。左手放下，右手放上。男士双手放后，女士双手放前。女士的手应放在腹部，不能太上也不能太下。男士和女士的手也可分开来放。男士左手放后，右手放于胸前；女士左手垂放，右手放于胸前。男士和女士的双手都可垂放。

（2）坐姿语。坐姿语是演讲中常见的一种体态语。坐姿有严肃性坐姿和随意性坐姿。不同的环境，用不同的坐姿。在严肃的场合采用严肃性坐姿，在非严肃的、随和的场合可采用随意性坐姿。

不管是严肃性坐姿，还是随意性坐姿，都有坐姿的一般要求：

①入座时，应当轻而稳，不要给人毛手毛脚、不稳重的印象。

②坐的姿态要端庄、大方、自然。

③无论什么坐具，都不要坐得太满。

④上身要挺直，不要左右摇晃，腿的姿势配合要得当，一般不能跷二郎腿。

⑤演讲时，上身要些许前倾，表示对对方的尊重和自己的专心。

⑥上身需要后仰时，幅度不能太大，否则会给人困扰、无聊、想休息的印象。

（3）步姿语。步姿语是通过步态的变化来传递信息的一种无声语言。步频较快、步履轻松表示"春风得意"；走路拖沓或时快时慢，则表示自卑、紧张。

步姿语的一般要求：自然、轻盈、敏捷、矫健。要自然而不别扭，轻盈而不鲁莽，敏捷而不笨拙，矫健而不自卑。

一般情况下，在做演讲时，要用"庄重礼仪"型，即行走时，上身挺直，步伐矫健，双膝弯曲度小，步子幅度速度适中。如果演讲大受欢迎，步伐也可采用"稳重自得"型，即行走时步履稳健，昂首阔步，步伐较缓，幅度较大。总之，无论采用何种步伐，都要注意手的摆动，即手臂要伸直放松，手指自然弯曲。摆动时，要以肩关节为轴，用上臂带动前臂向前，脚跟先着地，依靠后腿将身体重心送到前脚掌，使身体前移。

三、手势语

手势语是演讲者运用手掌、手指、拳和手臂的动作变化来表达思想感情的一种态势语言。手势是指从肩部到指尖的各种活动，包括手臂、肘、腕、掌、指的各种协调动作。手势所表达的意义，是由手势活动的范围、方向、幅度、形式等决定的。

1. 手势活动的范围

手势活动的范围，大体分为三个区间，肩部以上为上区手势，表示积极向上或激昂，如讲到激动时，演讲者常常双手向上举甚至挥动拳头；肩部到腹部间为中区手势，表示客观冷静，如叙述一件事时，演讲者的手势常在胸前；腹部以下为下区手势，表示鄙夷、厌恶、决裂，如讲到"我们需与一切没落的、腐朽的思想决裂！"时，演讲者会做出一个往下劈的手势。

2. 手势活动的方向

一般说来，向内、向上的手势意味着肯定、赞同、号召、鼓励、希望、充满信心，是积极的手势；向外、向下的手势，意味着否定、拒绝、制止、终止、摒弃、冷漠，是消极的手势。如搓手，朝上搓，可能是摩拳擦掌、急不可待；往下搓，则可能是局促不安、不好意思。同样是举起两个手掌，掌心向内，往内缩，表示向我靠拢、注意我；掌心向下、往外推，则意味着拒绝、回避。

3. 手势活动的幅度

手势幅度的大小与演讲者的感情、语势有很大关系。幅度大表示强烈，幅度小表示平和。手动而臂不动是小幅度；手臂挥动，甚至带动全身，是大幅度。一般说来，演讲者大幅度的手势不宜过多，只能偶尔使用，否则会破坏协调美，甚至引人发笑。

4. 手势活动的形式

手势活动的形式是由手指和手掌构成的各种不同的手的形状。演讲中常见的手形有以下几类：

（1）指法，指由手指构成不同形状，主要包括：

1) 食指法：伸直食指，向上或向下，起强调作用，即强调话题所涉及的人和物；向前指，指听众的某个人，挑明话题，表明说话的针对性，常有一定的威胁性。

2) 拇指法：跷起拇指，表示和好、赞许；向鼻前翘，表示称道自我；向前或向后翘，表示夸奖别人。

3）啄指：互相啄紧，构成两种手势。一是五指接触，啄成一团，向内，表示反复强调重点；二是指尖不接触，尖锐地对着听众，表明不是泛泛而谈，而是有某种针对性。

4）叉指：手指伸直叉开，可叉两指，也可叉三指或四指，一般都是表示数字，有时也可以表示摒斥。

5）抓指：五指僵硬地弯曲，呈爪状，表示力图控制全场，吸引观众。

（2）掌法，指由手掌运动的不同方向所构成的不同形状，主要包括：

1）伸掌：五指合拢，手掌平伸。掌心向上，表示征求意见；掌心向下，表示要抑制和安定听众的情绪，制止某种行为的发生；掌心向前，表示回避；掌心向内，并向胸前缩拢或向外推，是一种抚慰性的手势；掌心向上侧向外，即摊开双手，表示希望听众理解。

2）劈掌：手掌挺直展开，像斧子劈下，这是一种很果断的手势，表明要果断地下决心解决急于解决的问题。

3）合掌：双手慢慢合拢，一只手搭在另一只手上，表明有必胜的把握。

（3）拳法，是由拳头运动的方式所构成的手势：

拳头向上摆动，表明说话者的心情不允许听众持有怀疑的态度，以此抓住听众的注意力；拳头向上举，这是一种挑衅性的动作，能给持不同观点的人以打击性的印象。

手势并没有统一规定，也无须作专门的训练。手势不在于多，而在于简练、有表现力。因此，作为一个优秀的演讲者，既要注意培养和加强非语词表现力，又要适当控制这种表现力。

手势还需要自然协调，符合演讲内容的需要，符合听众的文化心理需要，符合演讲者的身份和性格特征，和谐得体就是自然。与演讲者的表情配合，与有声语言同步，与其他动作一致，不生硬、不粗俗、不琐屑，就是协调。自然协调是一种美。

第三节　讲稿熟记训练

在正式演讲之前，演讲者往往要进行积极充分的准备：写好演讲稿、设计演讲姿态以及试讲。在准备过程中，对拟定的讲稿进行熟悉甚至达到熟记的程度，是非常重要的一环。演讲稿的熟记是将已有的讲稿在人脑中反映和再现，是将演讲艺术升华的重要步骤，也是激发演讲者现场发挥水平和促成演讲效果达成的重要途径。

在记忆演讲稿时，常见的有以下几种方法可供参考。

一、诵读记忆法

通过反复默念，高声诵读，充分调动眼耳器官，将书面文字材料印刻在脑海中，达到倒背如流、烂熟于胸的程度。这种记忆方法适用于篇幅相对较短、段落层次清楚的演讲稿。据有关实证数据显示，采用诵读记忆法，记忆内容三小时后，能保持85%左右；三日后，仍可保持在65%以上。

二、纲目记忆法

篇幅较长的演讲稿，包含的信息量大，多采用纲目记忆法进行熟记。纲目记忆就是重点把握演讲稿的中心思想和行文机构，通过抓要点，围绕中心思想，形成逻辑思路清晰的纲目，并适当采用自身语言习惯加以编排，从而记住演讲稿的行文脉络。例如，记忆故事情节类的演讲稿，只要理顺时间、地点、原因、结果等要素，就能较为迅速、高效地获得良好的记忆效果。

三、机械记忆法

记忆缺乏内在联系的、属性单一的事物，由于很难找到事物的内在联系，没有记忆捷径可走，往往只能采用机械记忆法。比如人名、地名、校名、年代、地址、菜谱、单词等，除了靠简单重复和强制记忆等机械记忆方法外，很难有捷径。

在机械记忆中，也并非全无捷径，可以根据自身记忆习惯自创一些办法，借以提高记忆的效果，如对照法、顺序法、抓特点法等；还可以运用谐音、押韵、会意等方法，缩小记忆对象的信息量，灵活巧妙地进行记忆。

四、口诀记忆法

口诀记忆方法就是把本身互相联系很少的材料，根据其内容要点，编成整齐对称、偶句押韵、便于记忆的语句，使之富于趣味性，达到易于记忆的目的。口诀记忆方法应用广泛，二十四节气歌、加减法口诀表、九九乘法表等都是采用此法。运用这种方法，可快速、方便地记忆，又不易忘记。

五、重复记忆法

人的记忆都有时间限制，记忆的东西，时间久了，都会产生遗忘。为了避免遗忘，应该遵循遗忘规律，适时合理地再次强化记忆。这种强化记忆，就是重复记忆。通过重复记忆，能够加深对知识的熟悉程度，以提高记忆的时长。

六、形象记忆法

由于人脑对形象化信息的记忆处理较容易，识别更迅速，因此，如果将需要记忆的材料形象化，以图文并茂的形式串联起来，让枯燥干瘪的文字具象化，能够快速地达成良好记忆的效果。形象记忆法对大脑皮层的作用深刻，能够使记忆内容长久和清晰。

七、联想记忆法

联想是记忆过程中非常重要的大脑机能，尤其适用于难以突破的临界性环节和内容，对于关联性强的环节，涉及的上下文记忆的连接，一旦遗忘，很大程度上也会影响下文的记忆。因此，针对记不住、容易引起"卡壳"的关键环节，通过联想记忆的方法，有着非常好的效果。

记忆的方法很多，演讲者要提高语言表达能力，就要不断加强记忆力的训练。实践证明，良好的记忆能力除了能促进演讲之外，还可有效地提升演讲形象。

第四节　把控实战技巧

现代社会，演讲已成为人们日常交际中不可或缺的重要方式。无论场合大小，几乎都涉及公开性的演讲。那么，如何将自己的演讲水平淋漓尽致地表现出来呢？这就是下文将要讨论的内容。

一、目光坚定，给人信心

亮相得体。上场时务必大方自然，上场后首先环视一下全场，紧接着演讲。

动静结合。以恰当的目光、潇洒的动作影响场上气氛，使人不易分心。

二、动作得体，表意明确

在一个陌生的演讲场合，听众对演讲者十分陌生，听众在听演讲时就会对演讲的内容产生怀疑，听众就会私下议论，使会场的环境变得混乱无序。这时需要演讲者尽快证明自己讲的内容的真实性、可信性。要解决这一问题就要拿出最好的证据，让演讲的内容变得真实可靠。如要说杂交生长的茄子是正方体的形状，听众就会将信将疑地议论，这时就要拿一个杂交生长的茄子，证明给他们看，让事实来说话，保持场上的稳定，让演讲有序进行。

三、脱稿演讲，应景应人

脱离讲稿既有助于增强听众对演讲者的信服感，也有利于更好地和听众交流。内容是一场演讲的核心，在演讲当中会使用各种例子和数据，听众不同，内容也要有所不同。

设置悬念。应精心选择内容，紧扣演讲主题，将不为听众所知的东西作为设置悬念的依托。

四、适当设问，调动气氛

在适当之处提出问题，促使听众产生积极的反应，从而演讲者可以用自己对问题的独到见解征服听众。

如果演讲气氛有些低落，听众注意力分散，甚至开小差、打瞌睡，可以通过对话来调动气氛，控制场面。

五、表情丰富，自然诚恳

演讲是有声语言与肢体语言的综合表现，脸部表情是肢体语言的重要组成部分。丰富的脸部表情，不仅能使演讲充满活力，而且能够提高演讲的亲和力，拉近与听众的距离，增强听众的获得感。演讲过程中，如果面无表情，甚至表情呆滞，将很难与听众建立起良好的听说关系，从而无法达成传递演讲主题思想的目的。

为了让演讲表情自然得体，可以做如下几方面的准备：一是演讲开始前，进行面部肌肉热身，让脸部肌肉放松。比如对照镜子做鬼脸、拍打脸部肌肉、做面部肌肉运动操等。二是演讲前进行适当预演和训练，比如对着镜子演讲，调整好演讲内容和面部表情的配合。三是演讲前，多做几次深呼吸，充分地放松身体，在演讲中全身心投入，抛开杂念，从内心让自己成为演讲的主角，享受演讲的过程。一切发自内心的演讲，面部表情都表现得更为自然。

第五节 演讲 PPT 的制作技巧

进入互联网时代，演讲有了新的辅助工具——PPT。将 PPT 运用到演讲中，能够给听众带来巨大的视觉冲击，同时，也能让演讲者的演讲更加方便地呈现主旨和逻辑结构。从这个意义上讲，做好 PPT 是演讲成功的一个重要环节。

制作演讲 PPT，需要演讲者的精心策划与细致准备，同样必须对 PPT 演讲的技巧有所了解。

首先，PPT 内容要精练简化。PPT 呈现的内容是演讲的骨架，以多使用图形、少用术语为佳。切忌 PPT 从第一页到最后一页都写满文字，更不能整个演讲就是阅读这些文字。另外，每张 PPT 传达 5 个以下概念效果最好，最多不超过 7 个概念，否则会增加人脑处理负担，增加内容理解难度。

其次，PPT 动作要因需而动。一般来说，正式场合不宜使用任何 PPT 动作，必须使用时，最多不超过三种，包括自定义动作、幻灯片切换样式等。总之，不要因为过多和过于复杂的动作样式设计，使得 PPT 喧宾夺主，扼杀了演讲传递观点、激发情感的作用。

再次，PPT 字体要美观和谐。美学研究表明，人们对于文字的识别舒适度遵循"10－20－30 法则"，在此基础上可略做微调。比如，PPT 中可采用如下字体：

大标题 44 点粗体

标题一 32 点粗体

标题二 28 点粗体

标题三 24 点粗体

最后，PPT 风格要浑然一体。如何搭配 PPT 的色调，如何选择背景图片，如何进行样式切换，都应该与演讲主题密切联系，要力求让选用的 PPT 充分发挥辅助演讲的作用。

拓展阅读

成功演讲需要具备的五大特征

从古至今，成功的演讲者俯拾皆是，那么他们的演讲都具有哪些特征呢？现在，笔者为您介绍成功的演讲具备的五大特征。

第一，成功的演讲，其内容目的性非常明确，并且其目的具备一定的真理性。我们知道演讲是有一定的中心思想的，所说所言都是为了达到或针对某一目的。真理性，就是演讲者所表达想要实现的目的是积极向上的,是具有积极的意义的。简而言之,成功的演讲一定是弘扬真、善、美的。

第二,我们常笑那些说得比唱得还好听、实际行动起来却执行力低的人叫"思想的巨人,行动的矮子"。而一个成功的演讲者,往往不是这样,其本人就为演讲增添了自己的人格魅力。所以,成功演讲的特征之一,就是演讲者必备的人格魅力。人格魅力并不是统一的,它因演讲者的不同而不一,但演讲是一种口头艺术,大体所有的成功演讲者都不会给人一种"空喊"的行动矮子的印象。当然,人格魅力还包括演讲者的外在形象,虽然外在的衣着相貌不及人的品质道德重要,但也是重点,甚至给听众带来的冲击更加直接。

第三,成功的演讲一定是具备共鸣性的。人是作为群体动物存在的,演讲作为人所有的一种公共行为,势必离不开他人,成功的演讲往往与听众产生共鸣。演讲是一种以一对多的形式展开的交流活动,演讲者与听众之间通过语言载体传达信息,因为是单向的,能否使所表达的思想与听众产生共鸣是区分演讲成功与否的标准。如果一个优秀的演说家"对牛弹琴",那么势必不具备共鸣性,这次演讲活动也必定是失败的。

第四,成功演讲具备思维的哲理性,这里的哲理性是对第一个特征目的的真理性的进一步升华。而思维的哲理性,是指能在演讲内容目的的正确性上,给人以积极的冲击,引起人们的思考,甚至这种思考能上升到使听众的行为发生积极变化的效果。

第五,演讲技巧的丰富性。演讲技巧有很多,但成功演讲者的演讲技巧一定是具备丰富性的。丰富性并不意味演讲包含的技巧越多越好,成功的演讲往往能正确选择,即选择是最重要的。有了第一、二、三点,说明演讲有优质的内容,有了第四点,说明演讲具备了产生积极效果的可能,但只有实践了第五点,才最终能将优秀的演讲内容传达给演讲听众,所以演讲技巧的丰富性意味着演讲渠道的畅通,而围绕听众正确地选择演讲技巧才是重点。

——来源:https://wenku.baidu.com/view/9e98b1d183d049649b6658d8.html

课后练习

1. 根据所学语音训练知识,矫正自身语言表达的缺点。

2. 请以演讲稿《我有一个梦想》为蓝本,以所学演讲态势语,设计一套演讲使用的态势语,并对照镜子进行演练。

3. 请说出或者写出你经历过的演讲感受,并对照所学知识,列出五个自身的演讲问题。

第十三章

演讲的风格

★导学案例

　　演讲是在公众场所，就某个问题，向人们发表自己的见解和主张。从字义上理解，"讲"指语言，"演"指技巧。也就是说，语言是演讲的主要手段，技巧只是辅助手段。成功的演讲离不开技巧，更离不开语言这个根本。

　　那么，演讲应当采用什么样的语言？周恩来精于演讲，深谙演讲之要义。他说："口头宣讲要力求普遍、通俗和扼要。"普遍，就是要让大多数听众接受；通俗，就是要用群众语言；扼要，就是要抓住重点。周恩来的演讲都具有如下特点。

　　一、通俗、真诚，给人鼓舞和力量

　　1966年3月8日，河北省邢台地区发生强烈地震。9日，周恩来总理冒着余震的危险来到灾区。10日，他在隆尧县慰问灾区人民大会上发表了《发展生产，重建家园》的演讲。

　　首先，周恩来代表党中央、毛主席向群众表示慰问。然后，他说："这次地震来得很突然。你们这个地方从邢家湾到耿庄桥是地震的中心。20年前，在抗日战争中，你们也受了损失，那是和民族敌人做斗争。这次是和地底下的'敌人'做斗争。每个村庄，每个家庭都有很大损失。"周恩来将当年的抗日战争与当前的抗震救灾联系起来，使群众很快从悲痛中振奋起来。

　　来到灾区后，周恩来及时了解了受灾和救灾情况，因而提出了重建家园的具体措施，给灾区干部群众送来了温暖和关怀。周恩来鼓励大家："你们不是学过《愚公移山》吗？愚公能够移山，我们对现在的困难也一定能够战胜。"最后，他带领干部群众一起高呼："奋发图强！自力更生！发展生产！重建家园！"周恩来的演讲结束了，但是激昂的口号却久久回响。

　　通俗的语言、真诚的情感，给人以鼓舞，给人以力量，周恩来的演讲，总是能够达到如此神奇的效果。

二、亲切、自然，如春雨滋润人心

领导干部演讲的一项重要内容，就是宣传和阐释党的路线方针政策。要让人听得懂、听得进、听得入耳入脑，领导干部必须放下身段、亲切自然、用心交流，而绝不能居高临下、板着面孔、一派说教。

1951年9月29日，周恩来应北京大学校长马寅初之邀作《关于知识分子的改造问题》的演讲，听讲对象扩大为京津地区高等学校的教师和学生代表。

周恩来做了开场白后，这样进入了主题："讲到改造问题，我想还是先从自己讲起。我中学毕业后，名义上进了大学一年级，但是正赶上'五四运动'，没有好好读书。我也到过日本、法国、德国，所谓留过学，但是从来没有进过这些国家的大学之门。所以，我是一个中等知识分子。今天在你们这些大知识分子、大学同学面前讲话，还有一点恐慌呢。"当天，有些教师不知道周总理要讲什么，怀着不安的心情而来，听了周恩来敞开心扉的话，他们立刻消除了紧张情绪。

周恩来接着说："拿我个人来说，参加'五四运动'以来，已经30多年了，也是不断地进步，不断地改造。也许有的同志会说：你现在担任了政府的领导，还要学习和改造吗？是的，我还要学习和改造。因为我不知道的事情还很多，没有明白的道理也很多，所以要不断地学习，不断地认识，这样才能够进步。30年来，我尽管参加了革命，也在某些时候和某些部门做了一些负责的工作，但也犯过很多错误，栽过筋斗，碰过钉子。"周恩来联系自己来阐发学习改造的必要性和重要性，这比那种空泛地讲道理的讲话更有说服力、感染力。

演讲中，周恩来多次现身说法，从自己的家庭、身世，讲到自己也和大家一样受过旧教育，后来因为看到民族危亡、山河破碎而思想觉悟参加了革命；在党的领导下革命胜利了，又如何抵制各种旧传统势力的袭击，正确地处理个人、家庭和革命的关系。他进而指出，知识分子要过好民族关、阶级关、家庭关。周恩来共讲了5个多小时。最后，他亲切地鼓励大家要从爱国的立场发展到人民的立场，发展到共产主义的立场，这才是一个革命知识分子应有的归宿。

周恩来推心置腹、开诚布公的演讲，深深地打动和感染了与会者。马寅初有学问，也很擅长演讲，可是他由衷地佩服周恩来的演讲风度和演讲艺术。他说："周总理自我批评的精神和说出自己的社会关系的坦率，使在座的人很受感动。用这样的办法来领导知识分子思想改造，在我看来是最有效的。"

三、专业、精辟，给人深刻的教益

有时候，领导干部会对某个领域如文艺界的同志发表演讲，"到什么山，唱什么歌"，在这种场合演讲，除了应有良好的政治素质和演讲能力外，还应熟悉和了解文艺工作，或其他专业知识。如此，才能说出专业话、内行话，讲得有见解、有深度，实现有效沟通、引起共鸣。

1956年4月，浙江省昆苏剧团进京演出昆曲《十五贯》。19日，周恩来看完《十五贯》演出后对剧团同志发表讲话。讲话也是一种演讲。他开篇就说："你们浙江做了一件好事，一出戏救活了一个剧种。《十五贯》有丰富的人民性和相当高的艺术性。"对人对事，并从政治和艺术两个方面，给予充分肯定。然后，周恩来阐述了《十五贯》的现实意义：反对主观主义、官僚主义，提倡调查研究、实事求是。他还对戏剧应演现代戏还是历史戏等发表了意见。本是即兴讲话，周恩来却高屋建瓴，提出了精辟、独到的见解，令人耳目一新。

5月17日，周恩来又在关于《十五贯》的座谈会上发表了讲话。他这次是有备而来，系统地发表了五点意见：第一，昆曲的改革可以推动全国其他剧种的改革。第二，《十五贯》是从传统剧目的基础上改编的，改得切合了历史主义的要求。第三，《十五贯》具有强烈的民族风格，使人们更加重视民族艺术的优良传统。第四，《十五贯》为进一步贯彻执行"百花齐放，推陈出新"的方针树立了良好榜样。第五，《十五贯》的思想性很强，反对主观主义，也反对官僚主义。

周恩来熟悉戏剧创作、表演的规律与特点，又有超人的政治智慧和鉴赏能力，因而其演讲思想深邃，立论高远，给人以正确的指导和深刻的教益。对此，当年文艺界的很多同志都有深切感受。

——节选片段来源：《刊授党校》，作者：杨诗

★学前问题

1. 请分析周总理的演讲特征。周总理的演讲魅力体现在哪些方面？
2. 你认为什么是演讲风格？

第一节　演讲风格概述

一、演讲风格的含义

演讲风格是指演讲者通过实施演讲活动所表现出来的独特个性，是听众对演讲者的直观感受，影响听众情绪和对演讲内容的接受，也是演讲者社会阅历、知识背景、人格兴趣、个体素质等诸多内在因素的综合反映。

二、演讲风格的特点

演讲是人类普遍参与的社会实践活动，受社会环境的客观因素影响，也受人本身诸多内在因素的制约。演讲者作为演讲的主体，除了在演讲活动中扮演角色之外，还是社会集体的一员。每个人都有自己独特的个性，演讲者进行演讲时，所表现出来的个性特征也是独一无二的，每个人都有自己独特的演讲风格。因此，每个人都应该在演讲中找到自己的演讲风格。只要是适合自己的演讲风格，都能够促成演讲的成功。

在演讲实施过程中，演讲者受到演讲主题和时境制约，表现出来的演讲风格有主次之分，演讲者在长期的实践中形成了稳定的讲话习惯，决定了演讲者的主体演讲风格，但演讲者往往又不是只有一种演讲风格。同时，演讲风格往往对演讲成功与否产生重要影响，它影响听众的感受和情绪渲染，进而影响演讲内容是否被听众接纳。因此，演讲风格与演讲内容具有一致性。

演讲风格可以通过训练加以完善。在平时的讲话中，注意养成良好的语言行为习惯，就能促进自身演讲风格完善。演讲来源于生活，高于生活，但不能脱离生活。

第二节　常见的演讲风格

按照不同划分标准，演讲风格的类型也有所不同。总体上来看，常见的演讲风格基本可分为以下六种类型。

一、诚恳型演讲风格

诚恳型演讲风格的演讲者，一般生活阅历比较丰富，博学多识，往往对演讲内容和环境都具有很强的掌控力，能够深入浅出地讲出深奥的理论，化腐朽为神奇。他们讲话时，能给人较强的亲和力，语言自然朴实、通俗易懂，语气委婉动听，演讲内容娓娓道来。同时，他们的神态举止宛然自如，轻松随和，但又不失诚恳、稳重。其演讲过程生动感人，像久别的朋友叙旧拉家常一般。

★案例 13-1

大家午饭都吃过了吧？没吃的话我可以考虑请大家吃饭（笑声），是的，心里可能会疼些，也可能是邀请上千人吃午饭找不到吃饭地方着急所致吧（笑声）！不过大家想过吗？有很多人在吃饭的时候会时常感到伤心的，你们会问了，吃饭应该开心啊！总不能挨饿时开心吧？这些人就是供给我们三餐粮食吃的农民朋友们！大家都知道种水稻的辛苦不是一般人能受得了的，太阳暴晒下收割水稻，太阳光越毒辣，农民朋友们越高兴，很多对农业耕种知识不太了解的朋友们可能要说农民朋友们心理不健康啦！实际上，这关系到粮食的质量，毛毛细雨下收粮食挺舒服，但是这些粮食吃起来就要发黏，颜色发黑。最终，受了很多苦，收了很多粮食，丰收后农民朋友一算账，他是亏损的，这真是一种说不出来的痛。所以我今天要与大家谈谈粮食价格过低对经济的影响！

二、激昂型演讲风格

演讲者精神状态极佳，给人朝气蓬勃的感觉，在演讲过程中频繁使用手势语，声音激昂有力，对讲出的话坚定、充满自信，引人奋发向上，演讲内容充满鼓动性，往往能够带动听众积极响应，振奋人心。通过科学发声，使各发声部位合理分配，进行系统训练，能够达成这种演讲风格。马云、马丁·路德·金就具有典型的激昂型演讲风格。

★案例 13-2

列宁说："爱国主义就是千百年来巩固起来的对自己祖国的一种最深厚的感情。"只有知之深才能爱之切。孟子提出的"富贵不能淫，贫贱不能移，威武不能屈"，可以说是集中地体现了中华民族气节。古往今来，多少仁人志士为维护祖国的荣誉和民族的尊严，在爱国和气节方面为后人做出了榜样。卓有见识的林则徐，血染吴淞口的陈化成，维新被杀的谭嗣同，推翻帝制的孙中山，横眉冷对的鲁迅，抗日献身的张自忠，以及无数为国捐躯的共产党人，都体现了这种民族爱国精神，他们是中华民族之魂。浩然正气是中华民族几千年来历久不衰执着追求的完美精神气质。南宋文天祥的述志诗《正气歌》以其浩然正气与南宋朝廷苟且偷安的"邪气"斗，与元统治者威胁利诱的"邪气"斗，"留取丹心照汗青"。共产主义者李大钊"要为人间留正气"，大义凛然牺牲在张作霖的屠刀下。著名诗人朱自清临终前虽贫病交加，也以其浩然正气饿死不领美国粮。"祖国再穷，我也要为她奋斗，为她服务。"这是一切爱国科学家的心声。国外科学家纷纷回归祖国，要为新中国贡献自己的智慧和力量。钱学森面对美国方面的关押、软禁、监视，毫不动摇；华罗庚放弃在美国被重金聘用的工作；李四光谢绝英国老师让他攻下博士学位再回国的劝告。以上种种爱国、气节的实例，渗透着中华民族的优良传统，是中华民族的精神所在。然而在中华历史上，面对物质世界的诱惑及权势的威迫，小则卖友求荣，大则卖国求贵也大有人在。这就要求我们时时刻刻都要以祖国和民族利益为重。

三、严谨型演讲风格

演讲稿事前经过精打细磨，仔细推敲，具有极强的逻辑性。演讲者态势语言表达相对较少，站立端坐一般都相对稳定，给人以严肃井然有序的感受。这种演讲风格多见于政府党政干部做报告或重大活动演讲。

严谨型演讲风格的案例比较普遍，如2017年各大高校校长在毕业典礼上的讲话。

四、绚丽型演讲风格

绚丽型演讲风格，演讲稿往往辞藻华丽，感情色彩浓厚，内容厚重，长短句、对偶句频繁交替使用，而且句式变化多样，善于旁征博引，乐于借用名言警句、典故史诗以及新鲜的趣闻轶事。演讲者非常注重态势语言的呈现，对演讲的节奏和语句的抑扬顿挫、轻重缓急把握精准，给人以强烈的节奏感和音乐美。

★ **案例 13-3**

给予《感动中国》2016年度人物三入火海救人英雄王锋的颁奖词：忠义感乾坤——面对一千度的烈焰，没有犹豫，没有退缩，用生命助人火海逃生。小巷中带血的脚印，刻下你的无私和无畏，高贵的灵魂浴火涅槃，在人们的心中永生。

五、幽默型演讲风格

幽默型演讲风格，演讲者一般思维敏捷，词语丰富，具有较好的传情达意技巧，将平淡无奇的故事讲得新颖别致、回味无穷。演讲者演讲音调多变，戏剧性浓，生动活泼，或讥讽嘲笑，或挖苦批驳，或揭穿表象，或赞美歌颂，或支持表扬，往往都能恰到好处地运用口头语言和态势语言。演讲起来，轻松活跃，常使听众忍俊不禁。文学家、诗人、演员及主持人常有这种风格，例如央视《百家讲坛》中的易中天与纪连海的演讲。

六、柔和型演讲风格

演讲者语言表达往往轻柔委婉，嗓音圆润甜美，吐字清晰准确，语句变幻多姿，短句促而严，长句舒而缓，偶句匀称凝重，奇句绮丽洒脱，句式错落而谐调地有机结合。这类演讲多由女士参与完成。

★案例13-4

王安的《黄土地，我的理想大地》演讲词——"黄土地添一抹新绿，在凛冽的寒风中倔强地追求，虽然弱小，毕竟想成长；虽然幼稚，毕竟想成熟；虽然局限，毕竟有梦想；虽然默默无闻，毕竟想证明自己的存在……显示着自己做儿子的价值，这就是黄土地赋予我的性格"——通过细腻多姿、一波三折的抒情比喻，将作者对黄土地的希望、理想和感情有滋有味地逐层托出，使听众在逶迤绮丽的情绪意蕴中，领略黄土地的博大情怀和坚强性格。

拓展阅读

我有一个梦想

我很高兴地同大家一起，参加这次将被载入史册的、在我们国家的历史中最伟大的一次自由示威运动。

一百多年前，一个伟大的美国人，他签署了解放宣言，在今天依然竖立着他的影子。这项重大的法令，成为数百万在非正义的烈焰中燃烧的黑奴奴隶的希望之光。这是一个欢乐的黎明，结束了囚禁他们的漫漫长夜。

但是一百年之后，黑人仍然是不自由的。一百年之后，黑人的生活仍然受到种族歧视和歧视的束缚，一百年后，黑人生活在一个物质繁荣浩瀚的海洋中孤独的贫穷的岛屿上。一百年后的今天，黑人仍然在美国社会的各个角落徘徊，在自己的土地上流亡。所以我们今天来到这里来揭穿这个可耻的现象。

从某种意义上说，我们来到我们国家的首都是为了兑现支票。当我们的共和国的建筑师写下宪法和独立宣言的壮丽词句时，他们签署了每个美国人都要继承的期票。这个说明是一个承诺，所有的人，无论是黑人还是白人，都将被保证为"生命，自由，追求幸福"的"不可剥夺的权利"。今天显而易见的是，美国在她的有色人种方面拖欠了这个期票。美国并没有履行这个神圣的义务，而是给黑人一个不好的支票，一个回来的支票标明"资金不足"。

但我们拒绝相信正义的银行破产。我们不相信在这个国家的巨大机会之中没有足够的资金。所以，我们来兑现这张支票，这张支票将在需要时给我们提供丰富的自由和正义的安全。

我们也来到这个神圣的地方，提醒美国现在的激烈的紧迫性。现在是冷静下来或服用渐进主义的镇定药物的时候了。现在是实现民主的承诺的时候了。现在是从种族隔离的黑暗和荒凉的山谷升起到种族正义的阳光普照道路上的时候了。现在是把我们的国家从种族不平等的流沙中解放出来的时候了。现在是让所有上帝的儿女成为正义的时候了。

国家忽视当下的紧迫性是致命的。黑人合法的不满情绪将在这个炎热的夏天到来，直到秋天的自由平等。1963年不是结束，而是开始。那些希望黑人需要发泄和满足的人，如果国家恢复正常，就会大失所望，在黑人得到公民权之前，美国既不会安宁，也不会平静。反抗的旋风将继续动摇我们国家的基础，直到正义的光辉日子来临。

　　但是我要向我的人民说一些话，他们站在通往正义之宫的温暖的门槛上，在获得应有的地位的过程中，我们不能犯有错误的行为。我们不要试图通过喝一杯苦涩和仇恨来满足对自由的渴望。我们必须永远在尊严和纪律的高度上进行斗争。我们绝不能让我们的创造性抗议堕落成肉体暴力。一次又一次，我们必须用灵魂力量达到身体力量的巨大高度。

　　席卷黑人社会的战斗精神不应该导致我们对所有的白人不信任，因为我们的许多白人兄弟，今天在这里的存在证明，他们已经认识到，他们的命运是与我们的命运息息相关。他们开始意识到，他们的自由与我们的自由息息相关。

　　我们不能一个人走。

　　我们走路的时候，我们必须做出我们将永远前进的承诺。

　　我们不能回头。

　　有人问公民权利的信徒，"你什么时候会满意？"只要黑人是警方野蛮到无法形容的恐怖行为的受害者，我们永远不会满足。只要我们的身体，因为旅行的疲劳而沉重，无法在公路和汽车旅馆住宿，我们永远不会满足。只要黑人的基本流动是从较小的贫民窟到较大的贫民区，我们就不能满足。只要我们的孩子被剥夺了自尊，被"白人只有一个"的标志夺去了尊严，我们永远不会满足。只要密西西比的一个黑人不能投票，纽约的一个黑人认为他没有任何投票权，我们就不能满足。不，不，我们不满足，直到"正义像水流一样滚滚而来，正义如同一股浩瀚的溪流"，我们才会得到满足。

　　我不是没有注意到你们中的一些人是经历了巨大的考验和磨难而来到这里的。你们中的一些人刚从狭窄的牢房里出来。还有一些来自你们追求自由的地方，让你们受到迫害风暴的袭击，并被警察暴虐的风摧残着。你们一直是创造性的苦难的退伍军人。继续努力，相信不必要的苦难是救赎的。回到密西西比，回到亚拉巴马州，回到南卡罗来纳州，回到格鲁吉亚，回到路易斯安那州，回到我们北方城市的贫民窟和贫民区，我知道这种情况能够而且将会改变。

　　我们不要在绝望的山谷中徘徊，我今天对你们说，我的朋友们。

　　即使面对今天和明天的困难，我仍然有一个梦想。这是一个根深蒂固在美国的梦想。

　　我梦想有一天这个国家会起来，实现它的信条的真谛："我们认为这些真理是不言而喻的，人人生而平等。"

　　我梦想有一天，在格鲁吉亚的红山上，前奴隶的儿子和前奴隶主的儿子们能够一起坐在兄弟会的桌前。

　　我梦想有一天，甚至连密西西比州这个充斥着不公正的热浪和压迫的酷热的地方，也会变成一个自由和正义的绿洲。

　　我梦想有一天，我的四个小孩子会生活在一个不以皮肤的颜色，而是以他们品格的内容来评判的国度里。

　　我今天有一个梦想！

　　我有一个梦想，有一天，在亚拉巴马州，它的恶毒的种族主义者，其州长的嘴唇滴滴答答的话"无效",有一天在亚拉巴马州的小黑人男孩和黑人女孩能够与小白人男孩和白人女孩成为兄弟姐妹。

我今天有一个梦想!

我梦想有一天,每一个山谷都将被提升,每一座山丘都要变得低沉,粗糙的地方将变得平坦,弯曲的地方也会变得平坦。"伟大的上帝将显现出来,众人都要看见。"

这是我们的希望,这是我回到南方的信念。

有了这个信念,我们就能从绝望之山中掘出一块希望之石。有了这个信念,我们就可以把我们国家的摇摆不定的声音变成美丽的兄弟情结。有了这个信念,我们就能够一起工作,一起祷告,一起奋斗,一起坐牢,一起站出来争取自由,知道我们有一天会自由。这将是今天,这将是所有的上帝的孩子将有新的含义唱歌的一天:

我的国家是你的自由的甜蜜之地,我为你唱歌。

我父亲去世的地方,朝圣者的骄傲之地,

从每个山腰,让自由振铃!

如果美国要成为一个伟大的国家,这一定是真的。

让自由之声响彻新罕布什尔州的巨大山顶。

让自由之声从纽约的强大山上响起。

让自由之声从加高的阿勒格尼那里响起。

让自由之声从科罗拉多州的白雪皑皑的落基山脉响起。

让自由之声从加利福尼亚的曲折的山坡响起。

但不仅如此:

让自由之声从佐治亚州的石山响起。

让自由之声从田纳西州的观景山响起。

让自由之声响彻密西西比州的每一座山丘。

从每个山腰,让自由振铃。

当这种情况发生的时候,当我们允许自由的时候,当我们让每个村庄,每个村庄,每个州和每个城市响起自由之声的时候,当上帝的所有孩子,黑人和白人都能够加速的时候,犹太人和外邦人,新教徒和天主教徒,将能够联合起来,用旧的黑人精神的话唱歌:

终于自由了!终于自由了!

感谢全能的上帝,我们终于自由了!

——来源:https://www.douban.com/note/255386877/

课后练习

1. 你的演讲风格是什么?有何特色?
2. 演讲风格有哪些?
3. 请结合所学内容,分析马丁·路德·金的演讲风格,以及其演讲风格在演讲中发挥了哪些作用。

第十四章

即兴演讲

★ 导学案例

　　林语堂说：美国总统林肯最有名的葛底斯堡演讲，事先做了充分准备，而演讲结束后，又让人看不出有准备的功夫。他认为这才是成功的演讲，因此，林语堂最反对临时请人演讲，尤其是在吃饭的时候，临时请人讲话，令人措手不及，那是多么难堪的事呀！

　　有一次，他到一所大学去参观。参观后，校长请他到大餐厅与学生们共餐。校长认为这是一次难得的机会，就临时请他和学生讲几句话。林语堂很为难，无奈之下，就讲了一个笑话。

　　林语堂说，罗马时代，皇帝残害人民，时常把人投到斗兽场中，给猛兽吃掉。这实在是一件惨不忍睹的事！有一次皇帝又把一个人丢进斗兽场里，让狮子去吃。这个人胆子很大，看到狮子却不十分害怕，并且走到狮子身旁，在狮子边讲了几句话，那狮子掉头就走，也不吃他了。

　　皇帝觉得很奇怪，狮子为什么不吃他呢？于是又让人放一只老虎进去。那人还是毫无惧色，又走到老虎身旁，也和老虎耳语一番。说也奇怪，老虎也悄悄地走了，同样没有吃他。皇帝诧异极了！怎么回事？便把那人叫出来，盘问道："你究竟向狮子和老虎说了些什么，竟使它们不吃你呢？"

　　那人答道："陛下，很简单，我只提醒它们，吃我很容易，可吃了以后，你们得演讲一番！"哗，顿时全场雷动，得一个满堂彩！却弄得校长啼笑皆非。

　　　　　　　　　　　　　——节选片段来源：《文史博览》，林语堂演讲趣事，作者：李宣奇

★ 学前问题

1. 你认为林语堂先生临时的演讲有哪些精彩之处？有哪些地方值得学习？
2. 你认为即兴演讲是否可以提前准备？如果可以，怎么准备？

第一节 即兴演讲概述

即兴演讲，就是演讲者根据演讲现场拟定的主题或根据实际情况需要，在事先未做准备的情况下，围绕主题，快速展开思维，以恰当的语言阐述观点的一种语言表达形式。它是考查演讲者是否具有敏捷思维能力和敏锐语言感应能力的一种常见方式。即兴演讲能够有效地锻炼人的思维和口语表达能力。

即兴演讲是个人综合能力的集中表现，做好即兴演讲不仅需要积累广博的知识，提高个人文化素养，用丰富的知识武装自己，也需要大胆交往，积极向他人学习，并加强自我调节，增强自信心，敢于在毫无准备的前提下，畅所欲言。

要实现良好的即兴演讲效果，除了注重观察能力、记忆能力、分析能力、推理能力、机敏能力等基本技能训练，还应该重点把握以下几方面内容：

（1）主题要单一明确。即兴演讲的关键就是要把握住演讲的主题。演讲时，每一句话都要力求围绕主题展开，同时尽量做到切入主题角度要小，只表达一个意思，阐述一个道理。在确定主题时，一方面，可以借助临场客观事物的本质和特征，发散主观思维；另一方面，可以选取不同的角度阐述问题，如对人性的认识，有人认为性本善，有人则认为性本恶。

（2）布局要井然有序。即兴演讲是临时起兴，虽毫无准备，但表达也需要层次清楚。如何开头，如何过渡，如何结尾，佐证材料主次位置如何安排，叙事是按照时间顺序还是依照空间顺序，是递进还是并列，都应该心知肚明。只有演讲者做到心中有数，讲出来听众才能明白。

（3）内容要应时应景。即兴演讲，大部分情况下是人们在生产生活中即兴需要才会发生。这就要求演讲者所讲内容，具有现实感，即切合即兴演讲现场的氛围。同时，要根据实际情况，控制演讲内容的长短，既不能一味求短，也不能太长，切忌繁杂啰唆。

（4）形式要灵活多变。演讲从来都不是形式单一的语言表达活动，不同的时间，不同的环境，演讲的形式可以丰富多样。就眼前的人、事、物引出话题，借助故事分享一个道理，因感触表达内心感受，就某个问题发表看法等，都是即兴演讲选取的表现形式。

第二节 即兴演讲的开场

即兴演讲是一门高超的语言表达艺术，是口才艺术的最高境界。美国著名口才大师洛克伍德曾说："在整个讲话过程中做到轻松地、巧妙地和大家交流思想是困难的。然而，做到这一点的关键是讲话开头的用语表达。"虽然即兴演讲是临时行为，开场有一定难度，但是通过勤苦训练，掌握即兴演讲开场技巧，就可以发挥出正常即兴演讲水平。

常见的即兴演讲开场方式有以下几种。

一、设问开场

演讲者一开始就提出一个或几个出乎意料的问题，触发听众神经元的亢奋，能够迅速唤起听众的兴趣和注意力，缩短演讲者与听众的距离，并能加深听众对问题的记忆和理解。提问式开头应注意：不能泛泛地为提问而提问，提问的信息要与对象、场合相适应，同时讲究内容的合理性和确定性，要使听众感到新鲜，出乎意料，能激发听众积极思考，而且与后面阐述的问题联系紧密，能巧妙自然地引出演讲的主体内容。

★案例 14-1

蔡畅在《一个女人能干什么》中说道，"今天，我讲一个问题，一个女人能干什么？我的回答是：能干，什么也能干；不干，什么也不能干。如果努力干，就是从那些小的具体工作到管理国家大事都能够干；如果不干，就会变成社会的寄生虫"。蔡畅通过提问来引发听众的兴趣，再经自问自答的形式来阐发自己的观点，这样会给听众留下清晰的印象。

二、猎奇叙事

演讲者通过讲述新近发生的奇闻怪事、令人震惊的重大事件或生动感人的故事，设置悬念，利用听众猎奇心理，激发起视听热情，从而达到获得听众关注演讲的目的。

★案例 14-2

《救救孩子》的演讲，是这样开头的："去年 5 月 24 日的《新民晚报》，披露这样一个事实：一个四年级的小学生，每天要带父母亲手剥光了壳的鸡蛋到学校吃。有一次，父母忘了给鸡蛋剥壳，差点憋坏了孩子，他对着鸡蛋左瞅瞅，右看看，不知如何下口。结果只好原蛋带回。母亲问他怎么不吃鸡蛋，回答很简单：没有缝，叫我怎么吃！"通过这个小故事的开头，引发了整个社会、家庭关注《救救孩子》的演讲。然后，作者提出所有的老师、所有的家长，是否也应该考虑一下我们的学生的社会生活能力究竟怎样？今后他们能自立于社会、贡献于社会吗？

三、解题明旨

演讲开头开宗明义，开门见山，简要解释、说明演讲题目的含义，并概括主要内容，直接揭示主题，说明意图，让听众明白演讲的主旨和思路。

★案例 14-3

《战士的爱》这样开头："听到这个题目，在座的许多同志也许会联想到爱情。是的，爱情是神圣的，也是美好的。可是，我今天所要讲的，却是一种更高意义上、具有更强生命力的爱。这，就是战士的爱！"

四、抒情达意

演讲者调动个人情感，通过渲染现场气氛，以情动人，让听众因受到情绪感染而注意聆听演讲内容。这种开头常采用排比、比喻、比拟等修辞手法，多用诗化的语言，形象生动、引人入胜。

★ 案例 14-4

一篇《季节》的演讲这样开头："漫漫的冬季，不如春意融融，万物争光辉；不如秋意绵绵，香山红叶飞满天；更不如夏意灿烂，烈日激情回射。但冬意，是暖暖的。冬季的阳光缓缓洒下，洒尽每一个角落，温暖人心。光线轻柔而温暖，孕育着一丝丝的生机；冬季的雨水声声滴落，落入每一寸土地，喂饱每一株生命，滋润万物细无声，孕育着一丝生命。冬季并不是人们想象中那么无情，冬季只是以她的方式爱自然。如果说春季是生机勃勃的，是万物复苏的季节，那么我说冬季是孕育生机的季节，有何过之？相比之下，是不是冬季更伟大、更博爱呢？"

五、借物传情

借物传情的开头方式常见于军事演讲、法庭演讲或学术演讲。演讲者通过展示实物，给听众建立一个直观的感受，然后借助实物，阐发自己的观点。在开讲之前向听众展示某件实物，给听众以新鲜、形象的感觉，引起他们的注意。实物可以是一幅画、一张照片、一件艺术品等。

★ 案例 14-5

《拼搏——永恒的旋律》演讲开头，演讲者说道："今天我给大家带来了一样礼物（举起一个小铜盒）。我珍藏它已五年多了。它不仅使我改变了自己的命运，更使我明白了自己肩上重担不止千斤。你们一定想知道它是什么？那就请听一个关于我自己的真实的故事……"

六、日常感知

演讲者通过向听众介绍自身日常生活状态或者平时的生活感受，引入演讲主题。

★ 案例 14-6

"今天，我要借这个演讲台，向各位讲一下，我和我爱人结婚的第一晚上，讲的第一句话是什么。结婚的那天晚上，我妻子羞答答地碰碰我说：'哎！有一件事跟你说一下。'我高兴地赶快说：'说吧，说吧！尽管说。'妻子说：'我家在农村，条件不好，我妈培养我上学也不容易。毕业后我参加了工作，每月都要给我妈寄点钱回去。现在我们结婚了，你说以后还寄不寄？'我万万没有想到妻子会问这么一个问题。我怎么回答呢？我说：'从今天起，你妈就是我妈，那我妈呢？'妻子笑笑说：'当然也是我妈了。'好，我就给大家讲一下：《你妈我妈都是妈》。"

七、幽默开篇

幽默开篇就是借用夸张、对比等修辞手段，用幽默轻松的语言，将听众的情绪稳定下来，让听众的思绪跟随演讲的节奏展开。

★案例 14-7

一次，金庸应邀到北京大学演讲。一开始，他对同学们说："我刚从绍兴过来，在绍兴的兰亭，那里的人让我写字。我说，这可不行，这是书法家王羲之写字的地方，我怎么能写？他们不干，非要我写不可，于是我就写了一行'班门弄斧，兰亭挥毫'。今天，北大又让我在此讲学，又是一种怎敢当的心情，于是我又写了一行'草堂赋诗，北大讲学'。我是搞新闻出身的，做新闻是杂家，跟专攻一学的教授不同，如果让我做正式教师的话，那是完全没有资格的，幸亏我当的是你们的名誉教授。"幽默风趣而又自谦的开场白引来了同学们会心的笑声和热烈的掌声。

八、取喻明理

演讲者通过将抽象的理论、观点具体化，常用比喻的方式，拉开演讲序幕。

★案例 14-8

如《平凡中的伟大》，开头讲道："蜡烛，很普遍，光不强，但能给我们带来光明；小草，很渺小，不高大，但却能点缀春天。我们很平凡，但要学蜡烛，燃烧自己照亮他人；要学小草，在平凡的土地上谱写伟大的诗篇。"

即兴演讲的开头方式多种多样，不同的人选用的方法也不一样。以上只是选取比较成功的演讲开头作为案例，供大家参考学习。总之，即兴演讲开场不能轻视，良好的开场能给听众留下良好的印象，为演讲的进行打好基础。总体上来说，即兴演讲的开场要做到：内容新颖、形式别致、语言简短、快速入题。成功的即兴演讲，需要我们平日勤思考、多读书、广积累，厚积薄发。

拓展阅读

名人即兴演讲技巧分析

央视财经频道《明星团队》，请来新东方教育科技集团的四位领导兼演讲高手做了一期特备节目，有一个环节特有意思，主持人准备了一个装有很多小玩意并被红布盖住的箱子，让四位演讲高手现场抽奖，摸到什么物件就即兴演讲。演讲必须与新东方的创立与发展有关。随后看到，俞敏洪摸到一个鸡毛掸子，周成刚摸出一个铁榔头，王刚摸出一个口罩，而陈向东居然摸出一小瓶滴眼液。

俞敏洪即兴演讲之"鸡毛掸子"：回忆往昔，感情先行

有时候，我们的生活需要一把鸡毛掸子。因为当我们的窗户上有灰尘的时候，你看外面的世界会非常模糊，就像当初我在北大的时候，觉得北大是全世界最好的地方。当然今天我也认为北大不错，依然是我心中向往的圣地。但是如果当初我没有下定决心，用我自己生命的鸡毛掸子，把北大在我眼前的这扇窗户给抹干净，然后看到外面的世界有可能还有我的天地的话，我就不会走出北大。1993年，我举起了手中的鸡毛掸子把窗户擦干净了，我走出了北大，就有了新东方。

周成刚即兴演讲之"铁榔头"：娓娓道来，承前启后

我到新东方已经十年了，一直参与新东方的管理工作。后来，我有了很多的体会，作为一个管理者，需要你更多的综合能力，比如分析能力、判断能力、决断能力。实际上，自从新东方创立，如今16年走来，有很多重大的决策，都是靠俞敏洪带着我们"一锤定音"，所以才能克服那么多的困难，尤其是经过13年来的努力，我们共同把新东方作为中国第一个教育公司在美国纽约交易所上市的时候，那锤子敲下去，一锤定音——新东方从此走上了国际舞台。

王强即兴演讲之"口罩"：结合实际，一语要中

同学们这是一个小小的口罩，当病菌肆虐的时候，戴上它，我们的灵魂和身体就能健康。但是新东方是干什么的呢？是帮你摘除人生中另一个无形的口罩——阻挡你与世界进行交流的自卑。当你把这个阻挡在你灵魂之前的口罩摘除的时候，你的灵魂就挺立起来了，你就获得了与世界对话的自信和根本。

陈向东即兴演讲之"滴眼液"：句句押韵，慷慨激昂

荣誉代表过去，学习代表未来。在学习的时候，当你累了，滴点滴眼液，来寻找你一生为之奋斗的人生伙伴——你们可以鼓掌——新东方的未来将永远关注学员、培育栋梁，让卑微、懦弱、落后只是传说，让中华民族的精神在大爱中得以传扬。而梦想已经启航，青春就在我们前方，歌声年轻嘹亮，幸福随风飘扬，连阿凡达都祝愿我们梦想永远地久天长。在今天，我们发自内心地祝福，在快乐当中制造中国梦想，收获你我的成长，一起让中国成为世界反战和平的脊梁。

——来源：https://www.liuxue86.com/a/1573313.html

课后练习

请选择以下题目，练习即兴演讲：

（1）请现场背一首五言或七言的诗，并以全诗开头第一个字展开做一分钟以内的简单发言。

（2）用一个阿拉伯数字和一个字母形容自己。

（3）请举一个例子，说明你的一个有创意的建议曾经对一项计划的成功起到了重要作用。如果让你变成一个动物，你希望变成什么？

（4）以"人活着就是为了改变世界"为题做一分钟演讲。

（5）一位农民卖羊肉串资助上百名失学儿童，你怎么看？

(6) 选择一句话，让我们记住你。
(7) 红十字会，郭美美。
(8) 逃回北上广。
(9) 文化营销。
(10) 在《西游记》中你最欣赏唐僧四师徒中的谁，为什么？
(11) 天堂的后门（恒大）。
(12) 外行管理内行：韩信与刘邦对话：上问曰："如我能将几何？"信曰："陛下不过能将十万。"上曰："于君如何？"信曰："臣多多而益善耳。"上笑曰："多多益善，何为为我禽？"信曰："陛下不能将兵，而善将将，此乃信之所以为陛下禽。"

第十五章

辩 论

★导学案例

　　青少年时期，苏格拉底就饱读诗书，靠自学成为一名很有学问的人。苏格拉底一生致力于哲学研究和社会活动，引导人们认识、追求美德。向苏格拉底求学的人很多，但他在传播自己的思想观点时从不说教，而是采用双方辩论的方式，在一问一答中不断揭露对方的矛盾，迫使对方承认错误，并引导对方得出正确结论。请看苏格拉底与一个名叫尤苏戴莫斯的青年进行的关于"什么是善行"的辩论：

　　苏格拉底（以下简称苏）：请问你知道什么是善行什么是恶行吗？

　　尤苏戴莫斯（以下简称尤）：当然知道。

　　苏：那么我问你，虚伪、欺骗、偷盗、奴役他人是善行还是恶行？

　　尤：这些行为自然都是恶行了。

　　苏：可是，如果一位将军战胜并奴役了危害自己祖国的敌人，这是恶行吗？

　　尤：不是。

　　苏：如果这个将军在作战时欺骗了敌人，并偷走了敌人的作战物资，这是恶行吗？

　　尤：不是。

　　苏：你刚才讲欺骗、奴役和偷盗都是恶行，怎么现在又认为不是呢？

　　尤：我的意思是对朋友、亲人实施上述行为的话是恶行，而你列举的情况都是针对敌人的。

　　苏：好吧，那么我们就专门讨论一下对自己人的问题。如果一个将军率军作战时被敌人包围，士兵们因伤亡、困乏而丧失了作战的勇气。将军欺骗他们说："援军即将到来，我们来个里应外合将敌人一举歼灭吧。"从而鼓起了士兵的勇气，赢得了战争的胜利，请问这是善行还是恶行？

　　尤：我想这是善行。

　　苏：如果一个孩子生病需要吃药而又嫌药太苦不肯吃，他父亲欺骗他说药很好吃，哄他吃了，孩子很快恢复了健康。父亲这种行为是善行还是恶行？

尤：是善行。

苏：如果有人发现他的朋友绝望得想自杀，就偷走了朋友藏在枕头下的刀，这是善行还是恶行？

尤：是善行。

苏：你刚才说对敌人的行为，即便是欺骗、奴役、偷盗也不是恶行，这种行为也只能对敌人，对自己人的话是恶行。那现在这几种情况都是对自己人，你怎么认为它们都是善行呢？

尤：哎呀，我已经不知道什么是善行、什么是恶行了。

苏格拉底于是告诉他，善行、恶行在不同的语境里有不同的含义，任何概念都不是一成不变的，只有通过学习拥有知识，才能对此做出准确的判断。尤苏戴莫斯信服地接受了苏格拉底的观点。

在上面的辩论中，苏格拉底先让对方亮出观点，然后不断从不同方面提出问题攻击对方的疏漏之处，使对方陷入矛盾之中，并迫使他承认自己无知，在问答中又逐步启发对方思考、认识问题，最后引导其掌握明晰的概念，从而达到自己辩论的目的。苏格拉底的这种方法无论从辩论角度还是从教学角度来看，现在仍不失其积极的借鉴意义。

——来源：http://www.unjs.com/xuexi/jiaoyuwenzhai/20100820204241_403113.html

★学前问题

1. 苏格拉底与青年通过辩论达到了什么效果？起到了什么作用？
2. 你认为辩论的作用有哪些？

第一节 辩论概述

辩论是指参加辩论的双方围绕同一对象，站在对立的立场上阐述自己的意见，揭露对方的矛盾，为批驳谬误、辨明是非、提高认识、弘扬真理而展开的思想交锋活动。它包括辩驳和立论两个环节，有三个构成要素：一是辩论双方或多方参与，并各自持有不同意见，观点具有明显对立性；二是辩论双方必须是就同一问题展开辩论；三是辩论各方存在共同的价值取向，遵循科学规律和使用正确的推理论证方法，论证严密，合乎逻辑。

墨子曾说："夫辩者，将以明是非之分，审治乱之纪，明同异之处，察名实之理，处利害，决嫌疑。"即辩论是为了分清是非界限，考察治乱的原因，弄懂同一和差别的客观规律，明了概念与客观事物之间的关系，权衡利弊得失，解决心中的疑惑。这就明确地指出了辩论是因人类社会生活实践的具体需要而出现的。如今社会经济高速发展，人与人之间交往频繁，在社会生活各领域，辩论发挥着更加重要的作用。在社会科学研究领域，辩论是探讨真理的手段。

辩论的作用有以下几点：

（1）辩论是各种谈判的必备形式。无论是国际性谈判，还是国内的一般谈判，辩论总是不可避免的。周总理在国际谈判席上，那刚柔相济、字字千钧的辩词，既维护了祖国的声誉与民族的尊严，又留下了许多足以长中国人民志气和威风的佳话。在谈判陷入僵局之时，如果一方抓住问题的实质进行辩论，往往会产生巨大的力量而突破僵局，赢得胜利。

★案例 15-1

一次，我国深圳蛇口工业区代表团与美国某财团关于引进新型浮法玻璃厂的项目谈判陷入了僵局。其争论的焦点集中在每年所付专利费占销售总数的百分比上。对此，双方各不相让。这时，作为中方主谈判的袁庚说："先生们，我们的祖先4 000年前发明指南针，2 000年前发明火药，全人类都在享受这伟大的成果，可他们从来没要过什么专利。我们作为后代，也从没因此骂过自己的祖先是混蛋，反而觉得光荣。请问诸位，那时候你们的祖先在哪里？恐怕还在树上呢？不过，各位不要害怕，我的意思不是不付专利费，而是要求公平合理！"袁庚的话语既坦率、诙谐，又机智、恰切，使精明的美国商人十分叹服。因此，他们放弃了原来的要求，同意我方的意见。袁庚就这样凭着辩才，为国家赢得了数千万美元的利益。

（2）辩论在人们日常生活中起着重要的作用。在日常生活中，人们随时都可能发生辩论。如家庭生活中父母与子女的对话；亲属之间的分歧；邻居之间的纠纷；同志之间对事物的不同看法等。当遇到这些问题时，如果通过恰当的辩论，就可明白事理、统一认识、解决矛盾，使关系和谐。

★案例 15-2

王某与李某是一对新婚才半年的夫妻，一天丈夫王某提出离婚。妻子李某指责道："你当时向我求爱时，信誓旦旦，海誓山盟，许下诺言要爱我一辈子，说什么但羡鸳鸯不羡仙，为什么才半年就变心呢？"王某反驳道："我这些话并没有说错啊，确实表达了对你的一片真挚的感情！""那为什么半年就要离婚呢？这算什么真挚的感情呢？这不是虚情假意又是什么呢？"李某毫不示弱，反唇相讥。王某又不慌不忙地辩驳道："文艺作品中的鸳鸯比喻男女之间爱情的神圣与珍贵，可是你婚后三个月就在外面另有新欢，这难道能怪我不守诺言吗？能怪我虚情假意吗？"李某听后哑口无言，只得向丈夫认错，请求原谅。王某在这场辩论中坦诚地指出了妻子不忠诚于爱情的行为，因而使妻子回心转意，从而夫妻关系得到了巩固。

（3）辩论也是法庭审判中常用的武器。在法庭审判中，揭露犯罪、分清罪与非罪界限、明辨是非、维护公民的合法权益等都离不开辩论。只有通过辩论，才能揭露犯罪分子的诡辩，使犯罪分子认罪服法；只有通过辩论，才能查清疑点，使无辜的人不受追诉，避免冤假错案；只有通过辩论，才能分清人民内部的是非问题，使公民认识自己的行为是否合法，从而维护自己的合法权益。总之，无论是对刑事案件，还是民事案件，法庭要做出公正的判决，都不能不依赖法庭辩论。例如有个盗窃案件，被告人在法庭辩论中百般狡辩，拒不承认自己的罪行，说案发的那天晚上他一直在李某某家打麻将，没有作案时间，而他在预审中承认犯罪,是公安人员逼迫的。针对被告人的这一狡辩,公诉人反驳道:"经调查核实,李某某那天晚上正在上班,其妻也回了娘家,你怎能在他家打麻将?你的辩解能推翻你认罪的口供吗?"被告人听后哑口无言,只得接受法庭的判决。

(4)辩论也是对敌斗争的有力武器。在同敌人的斗争中,可以运用辩论这个武器揭露敌人的反动实质和罪恶阴谋,使其丑恶的嘴脸暴露无遗,从而伸张正义,弘扬真理。

★ 案例 15-3

1933年5月15日,邓中夏同志不幸在上海巡捕房被捕。敌人对他软硬兼施,企图诱降。有个国民党中央委员对邓中夏说:"你是共产党的老前辈,现在受莫斯科那些小字辈的欺压,我们都为你不平。中共现在已不是政党了,日暮途穷。你这样了不起的政治家,何必为他们牺牲呢?"邓中夏当即反驳道:"我要问问你们,一个害杨梅大疮到第三期已无可救药的人,是否有权讥笑那些偶感伤风咳嗽的人?我们共产党人从不掩盖自己的缺点错误,我们有很高的自信力,敢于揭发一切缺点与错误,也能克服一切缺点与错误。我们懂得,错误较诸我们的正确主张,总是局部的,有限的。你们呢?背叛革命,屠杀人民,犯了不可饶恕的罪行,民心不可侮,你们注定失败,真正的日暮途穷了。"邓中夏同志面对敌人对党的侮辱和挑拨离间的阴谋,运用辩证的观点阐明了我党的错误与正确主张的关系,指出党的错误是局部的、有限的,而正确主张则是占主导地位的,因此共产党前途无限光明远大。而国民党反动派处处与人民为敌,对人民犯下了不可饶恕的罪行,已经日暮途穷,气息奄奄,注定要失败。邓中夏同志的驳斥有理有力,击中要害,因而使敌人无法招架。显而易见,辩论在对敌斗争中有着重要的作用,是革命者克敌制胜的法宝之一。

第二节 辩论的基本技巧

如果仅仅把辩论看作唇枪舌剑的较量,未免失之偏颇。辩论之难,不仅在于辩手要具有广博的知识、敏捷的才思、良好的嗓音和一定的演讲水平,而且辩论和评判本来就是软性的,更多靠评委的主观判断,因而辩论的技巧成了辩论成败的关键。所以,古文诗词、名人名言、禅宗妙语、流行歌词、广告用语,乃至绕口令、歇后语都会巧妙穿插在现代辩论中。如何将丰富的知识用练达精妙的语言表达出来呢?这就需要灵活运用下面介绍的辩论技巧。

一、就事论事

就事论事要求在辩论中抓住辩题,不能离题万里,大发议论,而要始终注意主攻方向。陈述观点时不要太华丽,一定要系统地说清楚;自由辩论则不能过多地纠缠在细枝末节上。

★ 案例15-4

辩题：人类是大自然的保护者（正）/破坏者（反）

反二：我再一次请问对方辩友，人类要生存，要发展的基础是什么？

正四：我想再次告诉对方辩友，破坏是少数的。请问，马有白色的马，但是马一定要是白色的吗？

反三：对方答非所问，请正面回答，人生存发展是以什么为基础的？

在反方的追问下，由于正方一时没有合适的回答，所以搬出了白马非马论，但反方没有被牵住鼻子，以四个字"答非所问"马上把对方拉回来，在对自己有利的方向上毫不放松。

二、死缠烂打

在内容上，原则性的问题必须死缠烂打，抓住不放，最要注意的是不要让对方轻易脱身，在每一场比赛中都要设定令对方无法回答的"重炮"问题，把对手拉住不放。辩论双方总是既有理又没理，总有些问题，特别是具体事理或者是哲学原理，对方是不能或无法正面回答的，应该把这些问题理出来。

★ 案例15-5

辩题1：焚毁走私犀牛角是/不是保护自然资源的行为

反方说不是，一直追问：焚毁到底保护了哪些自然资源？

辩题2：流动人口的增加有利于/不利于城市的发展

正方说有利，一直问，由于管理不善带来的消极影响是否也要归责于流动人口？

以上辩题中的例子，或攻或防，都可以让对方要么陷入解释的纠缠，要么跟随自己到对自己有利的战场，这就是"重炮"问题的好处。

就事论事是说任何回合、任何例子都不要游离辩题；死缠烂打是要在对自己有利、事先自己准备过的问题上咬定对方不放。一大一小，一具一抽，一全一侧，需要细细体会。

三、主动转移

能否做到主动转移往往是初级比赛和高级比赛的根本区别。

首先要明确辩论，尤其是自由辩论的意义。如果正反双方语速飞快，虽然比赛看似紧张激烈，但实则犯了忽略大局的错误，会致使比赛陷入"两小儿辩日"的泥泞之中。

自由辩论在于说服听众。因为双方不可能互服，所以要让听众认可无非两点：一为完善己方理论，二为指出对方的谬误。这两点是单方行为不需对方的认可：指错，指出即可；补洞，补足即罢。所以，要完成一个战术目标之后主动转移。

从二、三辩分别陈辞发展到攻辩阶段，目的在于增加对抗性和可看性，但不应该忽略此阶段的真正作用是把己方理论阐释清楚，把攻防路线全面铺开。所以在这个阶段，全队都要全神贯注地思考对方的理论，在对方与己方的交锋中看清对方的漏洞，为自由辩论打下基础。

一个优秀的辩手，应该具备在短时间内发现对方立论问题的能力。在攻辩结束之后，需要的是交流，所以一、四辩此时任务尤其艰巨。一辩开始小结，指出对方在应对己方问题时的错误，指出对方理论的缺陷。四辩则既可告知二、三辩攻击的方向，又可在己方理论处于被动时思考应对方略。

★案例 15-6

辩题：大学学习以博为主/以专为主

正方以博为主：①确定大学学习特点，"博"的范围，"为主"的评判标准。②确立逻辑底线：当今世界学科呈现交叉性和复杂性。③展开推论：逻辑底线决定了要完成学业和未来自身发展的博之根本性。④解释问题：解释为什么对方说的以博为辅不能符合现阶段的学习要求。⑤攻击理论：指出以专为主的诸多弊端，质问对方。

以上是一条清晰的自由辩论战术，在真正比赛中贯彻了80%，确保了正方的胜利。试想，如果纠结在五点中的任何一点上说3分钟，整个比赛将会很无聊，整个观点也将会显得片面。这也是很多初级比赛没有可看性的原因。

第三节　辩论赛的礼仪规范

一、着装服饰规范

辩论赛场是公开的正式场合，应该注重树立自身良好形象。从着装服饰角度来讲，应着统一正装参加比赛。具体要求如下：

（1）服装颜色统一，白色或黑色最佳。男士以着深色西装为主，配白色衬衣和深色领带，鞋袜与西装颜色相近即可。女士着装应端庄得体，上衣或衬衫应平整挺括，单色最佳。

（2）发式要求：男生头发不宜过长；女生长发应该扎起或盘起，短发刘海应用发卡别住，不要遮住眼睛。注意，上台前男女都应化妆，但不宜太浓。

二、姿态礼仪规范

1. 坐姿

保持端正，脚应端正放在前方，欠身而坐，稍微前倾，一般为了方便站起发言，女士坐凳子的1/3，男士坐凳子的1/2。双脚不可踩在凳子或者桌子等支撑物上；切忌弯腰驼背、跷二郎腿等不雅动作。

2. 站姿

站立发言时，应保持微笑，身体直立，两眼正视，下颌微收，两肩平齐，挺胸收腹，两臂自然下垂，整个身体庄重挺拔。

3. 鞠躬

鞠躬分为浅鞠躬和深鞠躬。男女的鞠躬方法也不相同，男士一般在行赛前、赛后礼时，行深鞠躬，鞠躬角度75°左右，双手紧贴裤缝，在比赛当中发言行浅鞠躬，鞠躬角度以20°~35°为宜；女士在行赛前、赛后礼时，行深鞠躬，鞠躬角度75°左右，双手自然摆放，在比赛当中发言行浅鞠躬，鞠躬角度以20°~35°为宜；不回答问题时，要坐端正，目视对方辩友。

三、比赛临场礼仪

辩论现场，各辩手的一言一行，是评委和观众最主要的打分和评价依据。恰到好处的礼仪规范，能够为自身在辩论过程中加分。在辩论现场，具体需要注意的礼仪规范如下：

（1）尊重他人发言，尤其是主持人讲话时，不能打断。待主持人讲完后，经由主持人发令，方可发言。发言前应先说"谢谢主持人，谢谢对方辩友"等礼貌用语。

（2）攻辩时，不要直视对方的眼睛，更不可目光四处游离、飘忽不定，应注视对方辩友的眼睛稍上方的位置；对方辩友质询的过程中不可打断，不可反问，更严禁人身攻击、粗言恶语；攻辩结束时，被提问的一方应等到提问一方坐下后再坐下，以示对提问方的尊重，而不可先行坐下。

（3）自由辩论时，要等到对方发言完毕后再站起发言，不要打断对方的发言，同时应认真倾听对方的发言。

（4）对于对方所提出的论据，尽量不要怀疑、质问，以示对对手的尊重，除非有明显违背常识或事实的论据。

（5）辩论过程中，站起来发言时，身体不应直面对方辩手，而是呈一定的角度，稍微面向评委；双手应交叉放于肚前，不能左摇右晃，可以适当运用自然得体的身体语言（手势和肢体动作），但不要过多；视线应该始终与对手、主席、评委、观众有直接交流。

（6）发言时要注意次序和时间，严格按照辩论赛制。一方落座后，另一方方可发言，一般不得打断。辩论会主席宣布时间结束后，即使发言尚未结束，也应及时终结发言坐下，不可超时发言。

（7）在语言表达方面，尽量使用"您""对方辩友"等称呼对方辩手，而避免使用第二人称"你"等称呼；用词用语要做到礼貌、尊重，切忌有不文明或不尊重的用语；手中不可持笔、尺等指指点点。切忌用手指直接指向对方、拍桌子等不尊重和不礼貌行为的出现。

（8）发言应吐字清晰准确。如果听不清对方的发问，可请其再说一遍。

拓展阅读

辩论赛基本流程与规则

一、辩论会主席工作

1. 宣布辩论赛开始　　　　　　2. 宣布辩题
3. 介绍参赛代表队及所持立场　　4. 介绍参赛队员
5. 介绍规则、评委及工作人员　　6. 辩论比赛　　　7. 评委点评
8. 观众自由提问，评委评分（同时进行）9. 宣布比赛结果　　10. 辩论赛结束

二、辩论过程

1. 辩方陈词立论阶段：正、反方一辩发言

先由正反双方主辩发出陈述本方主要观点贴。必须在指定的时间内完成。由正、反方一辩进行，双方必须从理论和实际两个方面进行立论，要求表达明确，论证恰当，逻辑清晰。双方时间各 2 分，剩余 30 秒时，会有一次时间提示；用时结束时，会再有一次时间提示，举牌人员举红牌。时间到后辩手不得继续发言，否则扣分。

2. 攻辩盘问

（1）正方二辩选择反方二辩或三辩进行一对一攻辩。
（2）反方二辩选择正方二辩或三辩进行一对一攻辩。
（3）正方三辩选择反方二辩或三辩进行一对一攻辩。
（4）反方三辩选择正方二辩或三辩进行一对一攻辩。

注意：

1）攻辩盘问由正方二辩开始，最多提问 2 次，正反方交替进行；
2）提问和回答都要简明准确，盘问方不得重复提问，被盘问方必须直接回答，否则扣分；
3）每一轮攻辩盘问，被盘问方不得向盘问方反问，否则扣分；
4）攻辩盘问双方必须站立完成每一轮盘问，若落座则视为此轮盘问已结束；
5）每一轮盘问时间为 2 分钟，盘问方每次提问不得超过 15 秒，被盘问方每次回答不得超过 45 秒，用时结束时，有一次时间提示，举牌人员举红牌，盘问终止。

3. 自由辩论

由正方辩手开始，正反方辩手轮流发言，二、三辩手为主，一、四辩手为辅，双方时间各 7 分钟。一方发言辩手落座，视为发言结束，即为另一方辩手发言开始的计时标志，若有间隙，时间累计照常进行。同一方辩手的发言次序不限。

如果一方发言时间结束，另一方可以继续发言。双方用时均结束时，时间提示停止。

4. 总结阶段

由双方四辩进行最后陈述，总结己方观点，反驳对方主观点：

（1）反方四辩总结陈词。
（2）正方四辩总结陈词。

反方四辩和正方四辩分别对本方立场和对方错误进行总结，双方时间各 2 分钟，剩余 30 秒时，有一次时间提示，举牌人员举黄牌；用时结束时，再有一次时间提示，举牌人员举红牌，陈词结束。

5. 观众提问

观众对双方队员进行提问，队员必须给予耐心解答。提问阶段双方的表现不记入比赛成绩。

6. 评委评分

7. 由评委对双方观点及辩论过程进行点评

8. 结果宣布

三、辩论规则

（1）每位队员必须在规定的时间内完成，超过时间按照弃权处理，并从所在团队总分

中减掉5分。

(2) 自由辩论规则。自由辩论发言必须在两队之间交替进行，首先由正方一名队员发言，然后由反方一名队员发言，双方轮流，直到时间用完为止（每一场的自由辩论在集中的两个小时内完成，每场的具体时间另定，每次只能提一个问题）。

四、评判标准

1. 聘请五位评委对本次比赛进行全程评议。
2. 评分标准

(1) 论点明晰，论据充足，引证恰当，分析透彻。
(2) 迅速抓住对方观点及失误，驳论精到，切中要害。
(3) 反应敏捷，应对能力强。
(4) 表达清晰，层次清楚，逻辑严密。

3. 评分办法（团体和个人分别记分，满分均为100分）

(1) 审题：对所持立场能否从逻辑、理论、事实等多层次、多角度理解，论据是否充足，推理关系是否明晰，对本方的难点是否具有有效的处理方法。

(2) 论证：论证是否有说服力，论据是否充分，推理过程是否合乎逻辑，事实引用是否得当、真实。

(3) 辩驳：提问能否抓住对方要害，问题是否简单明了；在规定时间内没有提出问题或提问不清，应适当扣分；是否正面回答对方的问题，能否给人以有理有据的感觉；不回答或不正面回答应相应扣分。

(4) 配合：是否有团队精神，是否相互支持，论辩衔接是否紧密；问答是否形成了一个有机整体，给对方有力打击。

(5) 辩风：所用语言和辩论风格讲究文明礼貌；不得对对方辩友进行人身攻击。

4. 扣分

凡审题、论证、辩驳、配合、辩风项目中，不符合评判要求和违反规则的，均酌情扣分。由于参赛队自身原因造成的突发事件影响比赛的，由评判团决定，在其累计总分中扣5%~10%。

——来源：https://wenku.baidu.com/view/093cad9d700abb68a982fba5.html

课后练习

请组织正反方，选取如下辩题进行练习：

辩题1：
正方：女性比男性更需要关怀
反方：男性比女性更需要关怀

辩题2：
正方：宽松式管理对大学生，利大于弊
反方：宽松式管理对大学生，弊大于利

辩题3：
正方：大学毕业了创业好

反方：大学毕业了就业好
辩题4：
正方：知难行易
反方：知易行难
辩题5：
正方：网络使人更亲近
反方：网络使人更疏远
辩题6：
正方：听话的学生是好学生
反方：听话的学生未必是好学生
辩题7：
正方：大学本科毕业后，先工作再考研合理
反方：大学本科毕业后，先考研再工作合理
辩题8：
正方：大学生就业难是个人原因造成的
反方：大学生就业难是社会原因造成的
辩题9：
正方：大学生谈恋爱利大于弊
反方：大学生谈恋爱弊大于利
辩题10：
正方：纪律会促进个性的发展
反方：纪律会限制个性的发展

参 考 文 献

[1] 陶金. 团队建设与管理［M］. 广州：暨南大学出版社，2010.
[2] 袁和平. 团队管理［M］. 深圳：海天出版社，2002.
[3] 阎剑平. 团队管理［M］. 北京：中国纺织出版社，2005.
[4] 徐畅，张晓红. 大学生团队训练教程［M］. 合肥：安徽教育出版社，2007.
[5] 吕国荣. 团队管理的49个细节［M］. 北京：企业管理出版社，2005.
[6] 尹凤芝. 沟通与演讲［M］. 北京：高等教育出版社，2010.
[7]［美］桑德拉·黑贝尔斯，理查德·威沃尔二世. 有效沟通［M］. 5版. 李业昆，译. 北京：华夏出版社，2005.
[8] 吕叔春. 活学活用沟通技巧［M］. 北京：中国纺织出版社，2010.
[9] 张美云，吴海娟. 人际沟通与交流［M］. 北京：清华大学出版社，2017.
[10] 田桂芹. 实用口才与沟通技巧项目化实训教程［M］. 北京：冶金工业出版社，2009.
[11]［美］克里斯·安德森. 演讲的力量［M］. 蒋贤萍，译. 北京：中信出版社，2016.
[12]［美］戴尔·卡耐基. 魅力口才与演讲的艺术［M］. 王红星，译. 北京：中国华侨出版社，2011.
[13] 雅瑟. 演讲与口才知识大全集［M］. 北京：企业管理出版社，2010.
[14] 王菁，杨博. 世界上最伟大的演讲［M］. 北京：京华出版社，2005.
[15] 苏荷，袁元. 第二次世界大战经典演说［M］. 长春：时代文艺出版社，2006.
[16] 吴礼权. 能说会道：说话的艺术（修订版）［M］. 广州：暨南大学出版社，2014.
[17] 周希希. 演讲与口才［M］. 北京：中国致公出版社，2017.
[18] 施春华，谭满益，施思. 沟通与演讲教程［M］. 大连：东软电子出版社，2011.
[19] 刘六英，蔡丽. 演讲与口才［M］. 北京：北京交通大学出版社，2010.
[20] 黄树红. 应用写作与口才训练［M］. 北京：北京交通大学出版社，2010.
[21] 高雅杰. 实用口才训练教程［M］. 2版. 北京：北京交通大学出版社，2016.
[22] 韩广信. 演讲与训练［M］. 大连：大连理工大学出版社，2008.
[23] 刘静敏. 播音发声教程［M］. 青岛：中国海洋大学出版社，2010.